Ferdinand Rohrhirsch, Ludwig Paul Häußner

Unternimm mit anderen

Studienhefte des

Interfakultativen Instituts für Entrepreneurship (IEP)
der Universität Karlsruhe (TH)

Heft 4

Unternimm mit anderen

Führung als Selbstführung im
unternehmerischen Mitsein

von
Ferdinand Rohrhirsch
Ludwig Paul Häußner

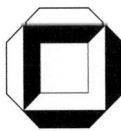

universitätsverlag karlsruhe

Impressum

Universitätsverlag Karlsruhe
c/o Universitätsbibliothek
Straße am Forum 2
D-76131 Karlsruhe
www.uvka.de

Universitätsverlag Karlsruhe 2007
Print on Demand

ISSN: 1860-9465
ISBN: 978-3-86644-137-8

Zusammenfassung

Der Entrepreneur steht im Spannungsfeld von Selbst- und Mitsein. Seine initiatorische Aufgabe verleiht ihm singulären Charakter. Zur Erfüllung dieser Aufgabe ist der Entrepreneur jedoch, um seiner Wirksamkeit willen, bleibend auf das Mitsein mit anderen verwiesen. Der Entrepreneur hat die initiatorische Kraft der Mitarbeiter zu wecken und entsprechend Möglichkeiten bereitzustellen, damit diese im Unternehmen wirksam werden können. *Einen* Entrepreneur allein gibt es nicht. Nur ein wirklich warmes Interesse an den Bedürfnissen und Fähigkeiten seiner Mitmenschen, in ihren wechselnden Rollen als Mitarbeiter, Kunden, Lieferanten, Schuldner oder Gläubiger, gibt ihm die Kraft das zu unternehmen, was andere nicht angehen. Etwas unternehmen hat immer vier Dimensionen: das Objekt (O), das Subjekt (Ich), das Gegenüber (Du) und ein Medium (M) (zum Beispiel Sprache) für die transpersonale Vermittlung zu einem *Wir* beziehungsweise zu einem Zusammenwirken. Unternehmerisches Handeln ist zum Beispiel Objekt veränderndes Handeln, dialogisches Einbeziehen der Interessen des anderen Subjekts oder aber mediales, auf den gemeinsamen Sinn hin ausgerichtetes Handeln.

Mitsein und Unternimm-mit-anderen ist ohne das Medium Sprache und dialogisches Einbeziehen des Anderen nicht möglich. Dialog im Kontext von Unternehmen wirft dabei die Frage nach der Führung von Menschen auf. In einem als Bürokratie beziehungsweise als Mechanismus aufgefassten Unternehmen wird die Zusammenarbeit mehr oder weniger durch Subordination erreicht. Wird jedoch ein Unternehmen – ganz organisch – als lebendiges *soziales* Gebilde aufgefasst, ist Führung als Koordinations- und Harmonisierungsaufgabe neu zu denken; unter Einbeziehung der Interessen und Fähigkeiten der Menschen, die sich für die zu unternehmende gemeinsame Sache zueinander gesellen. Das Management des *Was* und *Wie* reicht für die Gestaltung von Unternehmen nicht mehr aus. Führungshandeln beinhaltet zwar immer auch Managen, umfasst aber im Kern die Bereiche *Wer*, *Wer noch*, *Warum*, *Wozu* und *Wohin*?

Das (über)betriebliche Miteinander-Füreinander-Leisten ermöglicht und erfordert gleichermaßen ein dialogisches Führungshandeln, das auf zunehmender Selbstführung des Unternehmers wie auch der mit- und zusammenwirkenden Menschen basiert.

Abstract

The entrepreneur finds himself between selfhood and intersubjectivity. His task of initiating action gives him a unique quality, but in order to carry it out he is constantly dependent on being and working with others. He must stimulate the ability of those who work with him to initiate action and give them the necessary opportunities to contribute to the company's progress. There is not just *one* entrepreneur. Only a really genuine interest in the needs and abilities of his fellow human beings, in their different roles as staff, customers, suppliers, debtors or creditors, will give him the strength to tackle what others will not. Action always has four dimensions: the Object (O), the Subject (I), the Person Opposite (You) and a Medium (M) (language, for example). Taken together, they bring about transpersonal communication and collaboration. Examples of entrepreneurial action are action aimed at changing the Object, action to take account of the other Subject's interests through dialogue, or medial action concerning the common aim of the communication.

Intersubjectivity and taking action in co-operation with others are impossible without the medium of language and without involving the other person or persons through dialogue. In the context of a company, engaging in dialogue raises the question of leadership. In a company construed as a bureaucracy or mechanism, co-operation is achieved more or less through subordination. However, if a company is regarded in organic terms as a living *social* organism, then leadership must be reconsidered as a task that involves co-ordination and harmonisation, taking due account of the interests and abilities of the people who come together to undertake the joint task. The management of the *What* and *How* is no longer sufficient for the organisation of a company. Leadership always implies taking managerial action but it basically means providing answers to the questions *Who, Who Else, Why,* and *Where to?*

Working with and for one another in a company and beyond its confines makes it possible to engage in a dialogue aimed at taking managerial action based on the increasing self-management of the entrepreneur and of those working with him.

Inhaltsverzeichnis

Vorwort

Anlass für das Erstellen des vorliegenden Studienheftes war eine Gastvorlesung, die von Ferdinand Rohrhirsch am 15. 02. 2006 am IEP zum Thema „Führung als Selbstführung im Mitsein mit anderen" gehalten wurde. Ein Resultat des sich daran anschließenden Gespräches zwischen Ferdinand Rohrhirsch und Ludwig Paul Häußner war das Vorhaben, die möglichen Auswirkungen des *Mitseins* auf die *Kommunikation* in Unternehmen allgemein und speziell bei Führungsfragen zu bedenken.

Verfasst wurden die Kapitel 1 und 2 von Ferdinand Rohrhirsch. Die Kapitel 3, 4 und 5 stammen von Ludwig Paul Häußner, der diese Thematik sowohl aufgrund eigener, reflektierter Führungspraxis in Wirtschafts- und Kulturunternehmen als auch im Kontext seiner Dissertation zum Thema *Dialog* und *Führung* bearbeitet.

Offenkundig sind die unterschiedlichen Grundpositionen, von denen wir ausgehen. Großen Wert haben wir darauf gelegt, diese den Leserinnen und Lesern nicht vorzuenthalten oder sie – mehr oder weniger rhetorisch geschickt – zu harmonisieren. Allein, dass wir uns zu zweit an dieses Thema wagen, soll eine Ahnung davon ermöglichen, dass Mitsein ohne Dialog für den Menschen praktisch nicht möglich ist.

Wer die Frage nach dem Menschen vernachlässigt und ihn als bloß funktionales Element einer Leistungserstellung nimmt, verschließt sich wertvollen Einsichten, die nicht nur die „Kommunikationsfrage" innerhalb eines Unternehmens neu zu bewerten vermögen. Das Individuum ist nicht als funktionales Element oder als isoliertes Subjekt zu denken, das je nach Lust und Bedarf zu anderen Menschen Kontakt aufnimmt, sondern Menschsein ist seinem Wesen nach immer Mit-sein-mit-anderen. Ein Medium der transpersonalen Vermittlung ist zum Beispiel die Sprache. Dabei erhält der Dialog eine besondere Bedeutung, weil er Beweggründe, Interessen, Bedürfnisse und Fähigkeiten des anderen einbezieht und aufgrund der transpersonalen Vermittlung ein auf einen gemeinsam erarbeiteten Sinn hin ausgerichtetes Handeln ermöglicht.

Die Studienhefte des IEP dienen dazu den wissenschaftlichen Dialog interfakultativ zu ermöglichen wie auch eine Verbindung zur unternehmerischen Praxis herzustellen. Ebenso soll den Studierenden damit die Möglichkeit zum Selbststudium beziehungsweise zum gemeinsamen Studium – jenseits des Klausurstoffs – gegeben werden.

Ferdinand Rohrhirsch und Ludwig Paul Häußner

1 Der Zugang zum unternehmerischen Menschen

1.1 Die Besonderheit der Frage nach dem Menschen

Wer nicht nur richtige, sondern grundlegende Erkenntnisse über die Aufgaben unternehmerischen Handelns gewinnen möchte, kommt nicht umhin, die Frage nach dem Wesen des unternehmerischen Subjekts in den Mittelpunkt seiner Erkenntnisbemühungen zu stellen. Was ist vom Wesen des *Unternehmers* notwendig zu wissen, wenn er als „Realträumer", das heißt Wirklichkeitsverwandler, im Mit-sein-mit-anderen Wirklichkeit gestaltet, „nach Zielen, die er sich, im Rahmen sinnvoll-wirtschaftlichen Handelns selbst setzt" (WERNER 2006a, S. 9) und sich dabei die Fähigkeit der Selbst- und Mitarbeiterführung als unerlässliche Bedingung geglückten Unternehmertums offenbart?

Die Anforderungen, die der Ruf der Sache an die Selbstführung des Entrepreneurs stellt und die dabei erfahrbare Verwiesenheit auf die Anderen, auf diejenigen, die in ihrer Mitarbeit an der Sache des Entrepreneurs, diese als die *Eigene* begreifen, soll offen gelegt werden. Die Aufgabe des Entrepreneurs ist aus führungstheoretischer Sicht notwendig und unwiderruflich im doppelten Fokus von Selbstsein und Mitsein verortet.

Die Bedeutung des Selbstseins und die Anforderungen an seine Selbstführung unter der zugrunde gelegten Verwiesenheit seines *Mitseins* mit den Mitarbeitern bilden den Schwerpunkt des ersten Teils dieses Studienheftes. Darauf aufbauend wird die Frage gestellt, wie unternehmerische Arbeit zu begreifen ist, wenn sie nicht nur im Rahmen moralischer Appelle und dabei stets von individueller Gesinnung abhängig, auf andere orientiert sein *sollte*, sondern gemäß ihrem Wesen auf andere bezogen *ist?* Wie sind die Verstehens-, Vermittlungs- und Mitteilungsvollzüge zwischen Unternehmer und Mitarbeitern zu gestalten, wenn alles Verstehen des Menschen als *befindliches Verstehen* zu begreifen ist, das mit der Grundverfassung des menschlichen Daseins[1] als eines In-der-Welt-seins gegeben ist?[2] Die Frage verschärft sich, wenn sich darüber hinaus Sinn

---

1   Der Terminus „Dasein" wird benutzt, wenn die Seinsstruktur (das Wesen) des Menschen angesprochen ist. „Mensch" wird verwendet, wenn von ihm als empirisch beobachtbares Seiendes die Rede ist.

2   Das Denken Martin HEIDEGGERs (1889–1976) bildet das philosophische Fundament der im ersten Teil angestellten Überlegungen. Der Auslegungshorizont des In-

und Zweck unternehmerischer Kommunikationsprozesse *nicht* darin erschöpfen, die Mitarbeitenden an den Unternehmer beziehungsweise an

Der Führende ist der
erste Geführte,
von und durch die Sache.

das Unternehmen zu binden, sondern die Verständigungsprozesse ihr Ziel darin finden, Bedingungen zu schaffen, „unter denen sich der Einzelne mit der gemeinsamen Arbeit verbinden kann und verbinden will" (WERNER 2006a, S. 17)[3]. Der Führende ist der erste Geführte, von und durch die Sache (vgl. ROHRHIRSCH 2002, S. 168).

Unter dieser Prämisse besteht die Aufgabe des Unternehmers beziehungsweise des Führenden darin, sich selbst und die Mitarbeitenden in den Bezug zum Sein der jeweiligen Sache zu bringen. Erst aus der Sache wird *Beschäftigung* und *Machen* zu Arbeit und erhält dadurch ihre qualitative Besonderheit und ihre gemeinschaftsbildende Kraft. Erst die vorherige freie Bindung jedes Einzelnen an die Sache ermöglicht es, die aus der Sache entspringende Weisung zu hören und ihr „gehörig" zu handeln. Die Sache bindet, jeden an sie und erst dadurch die Handelnden gegenseitig. Erst die Gebundenheit aus der Sache ermöglicht es, dass sich ein freiwilliger Zusammenschluss von Individuen mit dem Ziel wechselseitiger

---

der-Welt-seins stammt überwiegend aus seinem 1927 erschienenen Werk „Sein und Zeit". Die Erläuterungen haben nicht das Ziel einen „phänomenologischen Heidegger" in Kurzform zu bieten. Das Nachdenken Heideggers wird genutzt, weil die Resultate seines Denkweges, beziehungsweise dieser Denkweg selbst, wesentliche Einsichten bieten, die für die Frage nach der Führungsrolle des Unternehmers und seiner Aufgaben hinsichtlich Selbst- und Mitarbeiterführung nutzbar gemacht werden können. Mit Heideggers Denken soll das Themengebiet nicht noch einmal überflogen werden, sondern den dem Thema zugrunde liegenden Sachverhalten und Wurzeln soll nachgegangen und nachgegraben werden. Nicht nur in Erkenntnisbemühungen lohnt es sich Hegels Dictum zu beherzigen: „Das Bekannte überhaupt ist darum, weil es *bekannt* ist, nicht *erkannt*" (HEGEL, 1973, S. 35).

3   In der Entsprechung dazu ist Marketing nicht primär an einer Bindung des Kunden an das Unternehmen orientiert, sondern darauf auszulegen, den Kunden die Erfahrung zu ermöglichen, dass seine Konsumbedürfnisse im Rahmen eines Kulturgefüges befriedigt werden, das er als sinnvoll und persönlichkeitsfördernd wahrnimmt und damit in die Lage versetzt wird, Anerkennung zu erfahren wie Anerkennung zu geben. „Wir vertrauen uns der Wirkung an, die das authentische Handeln im Unternehmen mit sich bringt. Wenn der Kunde in der eigenen Wahrnehmung erlebt, dass die Mitarbeiter sich nach Kräften bemühen, dann kann und möchte er sich selbst mit dem Unternehmen verbinden." EBD.

Nutzenoptimierung (Gesellschaft) zur Gemeinschaft wandeln kann. Erst in einer Gemeinschaft wird es dem Menschen möglich selbstgemäß zu existieren, da zu seiner Existenz wesent- **Selbstvollzug ist Kommunikation.** lich ein Mitsein gehört (Kap.2). Zu einem *Ich* gehört nicht zufällig ein *Du* und ein *Wir*. Personaler Selbstvollzug *ist* Kommunikation mit den Anderen und der Welt.

Welche Kommunikationsformen für die Eröffnung und Gestaltung eines gemeinsam bindenden Sachbereichs geeignet sind und wie hierbei die Rolle des *Dialoges* zu begreifen ist, diesen Fragen geht der zweite Teil des Studienheftes nach.

Bevor die Frage nach der geeigneten, das heißt sachlich angemessenen Zugangsweise zum Wesen des Subjekts angegangen wird, damit dessen unternehmerische Seite möglichst unverstellt in den erkenntnisorientier- ten Blick kommt, ist mit WERNER auf eine Besonderheit hinzuweisen, die für die Bestimmung des Entrepreneurs weit reichende Folgen hat. Wer- ners Bestimmung des Entrepreneurs als *selbstbestimmtem Wirklichkeits- verwandler* ist gerade dadurch ausgezeichnet, dass sie *kein* exklusives Moment enthält. „Diese Selbstbestimmung kann als Kern unternehmeri- schen Handelns betrachtet werden. – Doch wer wäre von ihr ausgeschlos- sen?" (WERNER 2006a, S. 9). Darin kommt zum Ausdruck: Wer vom Handeln des Unternehmers spricht, spricht vom Handeln des Menschen.

Die Handlungsbereiche explizit ökonomisch tätiger Menschen (Unter- nehmer im engeren Sinn und im Folgenden mit *Entrepreneur* bezeichnet) mögen zwar gegenüber nicht-ökonomisch agierenden Menschen unter- schiedlich sein. Ihre Handlungsprinzipien und Beurteilungskategorien sind jedoch dieselben. Das lässt sich sowohl beim Auftreten und Bewältigen von privaten wie unternehmerischen Krisen (vgl. LOER 2006, S. 3) wie an den darauf folgen Selbstrechtfertigungsstrategien der Individuen hin- sichtlich der gewählten Maßnahmen in ethischer Hinsicht beobachten. Aus philosophisch-ethischer Sicht ist das kein Zufall: „Bereichsethik ist keine Sonderethik. Keine Bereichsethik kann eine neue Begründung einer Normen- oder Wertethik leisten, will jedoch die vorgegebenen ethischen Normen und Wertungen unter den Bedingungen eines abgegrenzten Handlungsbereiches des Menschen untersuchen" (BUCHER 2000, S. 115f.).

Die Antwort auf die Frage nach dem Guten kann in den unterschiedlichen Lebens- und Berufslagen nur vom Handelnden selbst entschieden werden. Wer sachgerecht überlegt, hat stets die Situation zu berücksichtigen, aus der heraus die Handlungsanfragen entstehen und in die hinein die Handlungsvollzüge wirken. Der Handelnde selbst hat zu erkennen und zu entscheiden, was – den gegebenen Umständen gemäß – das jeweilige Gute ist, und wie es verwirklicht werden kann.

Ethik ist die Frage nach dem guten Leben.

Der Handelnde steht nicht nur in einer Situation, es ist *seine* Situation. Aus ihr und in ihr erfährt er auch die Unverfügbarkeit des an ihn ergehenden Sollensanspruches. Was er tut und wie er es tut, liegt in seiner Willkür, das heißt an seinem Entschluss und einer darauf folgenden Entscheidung. In seinem Belieben liegt es allerdings nicht, *dass* er sich als Angerufener, das heißt als Sollender erfährt.

1.2 Die Eigenart des philosophischen Fragens nach dem Menschen

Wer unternehmerisches Handeln begreifen will, kann sich nicht auf beobachtbare Handlungsaktivitäten oder -vollzüge beschränken und vom Akteur der Handlungen absehen. Der Entrepreneur ist weit davon entfernt, ein Akteur im Sinn einer zunächst zu vernachlässigenden Blackbox zu sein. Ebenso wenig ist er als spezialisiertes Modell eines homo oeconomicus zu begreifen.[4] Die Grundannahme, die dem vorliegenden Studienheft unterlegt ist und im Folgenden näher zu erläutern sein wird, lautet stattdessen: *Der Handelnde selbst ist das Thema.*

Bevor der Weg zum Handelnden beschritten wird, ist allerdings einem Einwand Rechnung zu tragen, dem eine breite gesellschaftliche Akzeptanz gewiss sein dürfte. Der Einwand lautet: Ist es denn tatsächlich notwendig, den Handelnden selbst in den Blick zu nehmen, das heißt nach dem *Wesen* des Menschen zu fragen, wenn die Rolle des Entrepreneurs und die Funktionen einer möglichen Mitarbeit von Anderen an seinem Unternehmen offen gelegt und verstanden werden sollen? Ist nicht, aus der Perspektive empirisch orientierter Wissenschaften, die Antwort schon lange gegeben und lässt es diese denn an Eindeutigkeit fehlen? Ihre Antwort lautet: Die Frage nach dem Wesen des Menschen ist weder möglich noch auch notwendig. Schon die Fragestellung ist unwissenschaftlich.

---

4   Zu den Bildern des homo oeconomicus und ihren Besonderheiten vgl. WOLF 2005.

Das gilt nicht nur für die sogenannten harten empirischen Wissenschaften, sondern auch für die Geisteswissenschaften und die darin angesiedelten Sozialwissenschaften, zu denen auch die Ökonomik gezählt werden kann (HOMANN / SUCHANEK 2000, S. 443)[5].

Es geht nicht darum zu fragen, welchen Wesens der Mensch ist, sondern wie er aufgebaut (Physik – Grundbegriffe: Materie und Bewegung) ist, wie er funktioniert (Biologie – Grundbegriff: Leben) und agiert (Psychologie – Grundbegriff: Verhalten). Nicht sein *Wassein,* sondern sein *Wiesein* ist zu erklären und das möglichst auf exaktem, nachvollziehbarem und prognostizierbarem Wege. Noch einmal: Der Mensch muss nicht und braucht nicht *verstanden* zu werden, es reicht, wenn er *erklärt* wird.

Wer auf der Basis gesicherter Erkenntnisse Erklärungen wünscht, für den können nur die methodisch geleiteten, empirisch orientierten und gesellschaftlich akzeptierten Wissenschaften in Frage kommen. Nur eine *wissenschaftliche* Annäherung mit der entsprechenden Nutzung ihrer Verfahren ist in der Lage, das Gegenstandsgebiet „Entrepreneur" sachgerecht zu stellen, zu erforschen und allgemeingültige Erkenntnisse darüber zu produzieren.

Doch dieser Ansicht ist entschieden zu widersprechen. Die Antwort auf die Frage nach dem ökonomisch handelnden Menschen (Entrepreneur) geht nicht auf das Allgemeingültige des Menschen. Eine Erkenntnisbemühung in diese Richtung verfehlt gerade das Gesuchte der Frage nach dem Handelnden. Wer nur auf das abstrakt allgemeine *Wiesein* des Akteurs orientiert ist, dem entziehen sich wesentliche Dimensionen ökonomischer Wirklichkeit. Der legt unter Umständen viel Richtiges frei, aber nicht notwendig Wesentliches zum Thema „Entrepreneur".

Wie oben angeführt, stellt die Frage nach dem Entrepreneur den handelnden Menschen in den Mittelpunkt, wenn auch in einer spezifischen Sichtweise. Weil es nun alles andere als überraschend ist, dass Unterneh-

---

5   „Da alle Theoriebildung eine hochselektive Reduktion von Komplexität vornehmen muss, um leistungsfähig zu sein, kann sie niemals einfach phänomenologisch zugreifen. Diese Grundsätze bereiten heute in den Naturwissenschaften kaum noch Schwierigkeiten, was aber zu Zeiten von Galilei noch ganz anders gewesen ist. In den Sozialwissenschaften und insbesondere in der Ökonomik sind wir keineswegs schon so weit anzuerkennen, dass wir für die ‚Erklärung und Gestaltung der Bedingungen und Folgen von Interaktionen' eine vorgängige umfassende Theorie ‚des Menschen' nicht benötigen." EBD.

mer auch Menschen sind, lohnt es sich gewöhnlich nicht, über diese Selbstverständlichkeit nachzudenken.[6] So wird nicht zufällig, dafür aber ständig übersehen: Die Frage nach dem Entrepreneur als handelndem Menschen betrifft ein *Ich selbst*. Was vom Entrepreneur als handelndem Menschen ausgesagt wird, kann von jedem anderen und deshalb auch von mir, dem Fragenden, ausgesagt werden.

Die Frage nach dem Entrepreneur als handelndem Menschen betrifft ein Ich selbst.

Wo der Mensch nicht nur zum Forschungsgegenstand wird, sondern sich selbst zum Forschungsgegenstand macht, ist er sowohl Forscher wie Forschungsobjekt. Erkennender und Erkenntnisgegenstand sind dieselben. Aussagen über den Erkenntnisgegenstand sind Aussagen über den Erkennenden. Aussagen über den Erkennenden sind Aussagen über den Erkenntnisgegenstand. Diese doppelte Rückbezüglichkeit ist ein Charakteristikum hermeneutischer Auslegungsprozesse. An ihnen zeigt sich die begrenzte Tauglichkeit einer selbstverständlich vorausgesetzten und nicht mehr auf ihre sachliche Rechtmäßigkeit befragten Subjekt-Objekt-Spaltung.

Die Eigenart hermeneutischer Auslegungsprozesse verdeutlicht, dass die Frage nach dem richtigen, das heißt sachgerechten, Zugangsweg für eine Erkenntnis keine unnütze Spielerei im vermeintlichen Elfenbeinturm philosophischer Spitzfindigkeiten ist. Der Mensch zeichnet sich dadurch aus, dass er gerade *keine* Sache ist, das heißt ein Vorhandenes unter anderem Vorhandenen. Dass er sich selbst so bestimmen und behandeln kann, das ist nicht zu bestreiten. Die Frage bleibt jedoch, ob damit dem *Phänomen* Mensch Genüge getan wird. Vor allem wird übersehen, dass der Mensch dies kann: sich selbst als Objekt bestimmen. In diesem Können liegt ein Grund seiner Besonderheit.

In der hermeneutischen Situation *erkennt* der Mensch nicht nur, sondern *erfährt* er, dass die Art und Weise des Erkenntniszugangs nicht nur, wie es bei jedem wissenschaftlichen Vorgehen der Fall ist, den Gegenstand vorweg *bestimmt*, sondern auch ihn, den Erkennenden, in seinem Selbstverständnis *stimmt*. In *tatsächlicher* Weise wird in einem solchen Fall – wo Ausleger und Auszulegendes derselbe sind – offenbar, was für jegliche Erkenntnis, und sei sie noch so theoretisch, zutrifft: *Erkennen ist*

---

6   Wenn „Fortschritt" erzielt werden kann, dann in der Reflexion auf das Selbstverständliche. Nach HEIDEGGER ist das Bedenken des Selbstverständlichen *die* Aufgabe der Philosophie. Das Selbstverständliche ist das Nahe und Nächste, das uns so nahe ist, dass es ständig übersehen wird.

im Grunde ein Erfahrungen-machen-mit-sich-selbst. Welt und Wirklichkeit begreifen wollen ist immer und unausweichlich mit einem An-/Be-/griff auf das eigene Selbstverständnis verbunden. Erfahrungen haben den Charakter der *Enttäuschung* und sind nicht zufällig schmerzlicher Natur.

1.3 Das Allgemeine des Menschen ist noch nicht sein Wesentliches

Die prinzipiellen Begrenzungen empirisch orientierter, dem Subjekt-Objekt-Denken verpflichtender Methodik kann holzschnittartig an den Fragestellungen und Ergebnissen verdeutlicht werden, die aus den Fachwissenschaften Biologie und Psychologie die *Natur des Menschen* beantworten wollen (vgl. dazu ROHRHIRSCH 2005, bes. S. 31–36). In der Tat scheinen sie am nächsten zu liegen, wenn es darum geht, eine Wissenschaft auszuwählen, die in die Lage versetzt, zutreffende und richtige Erkenntnisse über den Menschen zu produzieren.

Wieder scheint es selbstverständlich und ist dabei doch keineswegs bedeutungslos, dass die wissenschaftliche Frage nach dem Menschen eben nicht die Frage nach einem selbst und seinem Selbst ist, sondern nach dem Menschen im Allgemeinen. Wer auf die Produktion gesicherter Erkenntnisse unter wissenschaftlichen Bedingungen aus ist, die im Idealfall als Gesetzmäßigkeiten formuliert werden können, der ist und muss auf das Allgemeine fixiert bleiben und kann gerade nicht das konkrete Individuum in den Mittelpunkt seines Interesses stellen. Der Einzelne bleibt stets Mittel zum Zweck der Erkenntnis des Allgemeinen.[7]

Aus den Denkhorizonten der jeweiligen Fachwissenschaften Biologie und Psychologie und den darin herrschenden Prämissensetzungen zeigt sich dann auch klar und nachvollziehbar richtig: Der Mensch ist ein evolutives Produkt, mit einer eben solchen Entwicklungsgeschichte und den daraus resultierenden Verhaltensdispositionen. Das uns allen Gleiche, unsere Allgemeinheit, besteht darin, dass wir im Grunde Lebewesen sind wie andere auch, wenngleich die Rationalitätsstruktur des Homo sapiens sapiens ein wenig ausgeprägter ist.

---

[7]   Im Wissenschaftsbetrieb gilt das nicht nur für das Forschungsobjekt Mensch, sondern auch für den Forscher selbst. Das Streben nach Entindividualisierung gehört zu den Leitideen wissenschaftlicher Tätigkeit.

Wenn sich Change-Management die Frage stellt: Warum widersetzen sich Mitarbeiter betrieblich notwendigen Veränderungsprozessen, beziehungsweise: Warum gestalten sich diese meist zäh und sind zudem wenig willkommen? Dann lautet die Antwort des Psychologen: Wir sind genetisch auf eine stabile Umwelt programmiert, wenn auch, zum Glück, nicht vollständig. „Der Fisch stirbt, wenn man ihn aus dem Wasser nimmt. Hier nun haben die höheren Formen des Lebens, insbesondere der Mensch, einen Vorteil, der ihnen eine gewisse Flexibilität verleiht. Sowohl Einzelwesen als auch Gemeinschaften können […] lernen. […]. Aber auch dieses Lernen ist vergangenheitsorientiert, es baut auf den Erfahrungen von gestern auf. Der Mensch kann mehr, er kann auch denken, eine Funktion, die Freud (1911) als ‚Probehandeln' umschrieb. […]. Dies führt zur Kreativität, zu Innovation und schließlich dazu, dass der Mensch – wie kein Wesen auf der Erde – die Welt nach seinen Vorstellungen verändern kann. Dabei freilich übersieht er häufig angesichts der Komplexität Folgen und Nebenwirkungen und steht nicht selten erschreckt vor den Konsequenzen seines Tuns. Außerdem ändert sich unser genetisches Erbe nicht so rasch. Noch immer sind wir unter dieser Perspektive die Jäger und Sammler aus dem Hochland Afrikas" (ROSENSTIEL 2006, S. 45–62, S. 53f.)[8].

Mit der Allgemeinheit des Menschen ist gleichzeitig sein Unterscheidungsmerkmal gegenüber anderen Lebewesen angezeigt. Es liegt darin, ein *animal rationale* zu sein. Diese Bestimmung des Menschen ist alt und findet sich schon bei Aristoteles, der vom Menschen als einem *zoon logon echon* (einem mit Vernunft begabten Lebewesen) spricht, wenn auch in ganz und gar anderer Bestimmung des *logos*.

So ist der Mensch, wissenschaftlich gesehen und gesichert, ein atomar zusammengesetztes Seiendes, das Naturgesetzen unterworfen ist und sein Verhaltensrepertoire evolutionsgesteuerten Entwicklungen ver-

---

8 Der Beitrag (ConSozial 2005) zeigt in aller wünschenswerten Deutlichkeit die Folgen fachwissenschaftlicher Erkenntnisse, die auf methodischen Prämissen ruhen, die selbst nicht mehr fachwissenschaftlich thematisierbar sind. Wo von „Kräften" und „Motoren" die Rede ist, kann es (fachwissenschaftlich korrekt!) keinen Spielraum für Ethik geben. Konsequent ist dann allerdings auch, dass Maßnahmen, die zu Veränderungsprozessen führen sollen und auf der Übernahme derartiger, das heißt evolutiv-geschichtlicher Menschenbilder ruhen, in eine Zukunft führen, die durch Kategorien der Vergangenheit bestimmt wird (vgl. ROHRHIRSCH 2005, S. 82ff.).

dankt. Auf diesen fundiert setzt er seine kognitiven Fähigkeiten im Überlebenskampf ein. Das ist allgemeingültig herleitbar und nachweisbar richtig. Und doch trifft diese Antwort nicht die Frage nach *mir selbst*. In der Frage „Wer bin ich?" scheint die Frage mehr zu erfragen, als sie eine Antwort geben kann, die eine lückenlose physische und biochemische Herleitung meiner genetischen Programmierung und Analyse meiner augenblicklichen Bestandteile und ihrer Funktionen offenlegt.

Exkurs: Der Personaler sucht Funktionen und es kommen Menschen.

Das Personal wird „als Mittel zur betrieblichen Zielerreichung eingesetzt. In der Regel werden die ökonomischen Ziele den individuellen übergeordnet" (BECKER 1997, S. 306–348, S. 308). Ein Personalverantwortlicher sucht deshalb im Grunde nie Menschen, sondern Funktionen beziehungsweise Eigenschaften, die für den jeweiligen unternehmerischen Bedarf gebraucht und genutzt werden können. Im Mittelpunkt seiner Suche stehen Qualifikationen beziehungsweise Handlungskompetenzen. Dass diese Eigenschaften und Vermögen im Moment an Menschen gebunden sind, ist ja sein Problem. Es müssen Menschen *eingestellt* werden, um deren Arbeitskraft, das heißt die geforderten Eigenschaften und Leistungen zu bekommen. Der Mensch ist nicht Subjekt und Thema der Personallehre. Präziser: Die Frage nach dem Wesen des Menschen ist nicht Themafrage. Es geht nicht um die Frage, was oder wer der Mensch ist, sondern um den Nachweis bestimmter Eigenschaften und wie diese, im Sinne des Unternehmensziels, motiviert werden können.

Ob der Mensch ein evolutionäres Produkt, ein hoch entwickelter Primat und/oder ein Zweikomponentenmodell leiblich/geistiger Bestandteile ist, ein animal rationale (ein mit Vernunft begabtes Lebewesen) und/oder ein Individuum, das durch psychische Dispositionen in seinem Verhalten bestimmt wird, ob der Mensch als *Da des Seins* bestimmt wird oder als Geschöpf Gottes – das ist dem Personaler ziemlich egal. Wichtig ist nur eines: dass die Leistungsträger die Leistung erbringen, zu deren Erfüllung sie eingestellt wurden und ob die Leistungsträger zu Leistungssteigerungen hinsichtlich der geforderten Eigenschaften motiviert werden können.

Weil Menschen eingestellt werden müssen, damit deren Produktivität *abgeschöpft* werden kann, muss die Führungskraft beziehungsweise der Vorgesetzte Kenntnisse haben, wie Menschen „gestrickt" sind, aus welcher „Wolle" sie bestehen und wie die „Maschen" orientiert sind. Wer weiß, wie der Akteur „tickt", wie er sich verhält und auf was er „anspringt", ist in der Lage dessen produktionsrelevante „Stellschrauben" zu erkennen und gemäß den jeweiligen Leistungsanforderungen mechanistisch zu justieren.

Wer wissen will, wie Menschen „ticken", damit sie mehr motiviert werden können, kann auf eine wissenschaftlich fundierte Weiterbildungsindustrie setzen, die, täglich neu, Erkenntnisse und praktikable Umsetzungen generiert und zum Konsum anbietet. Die Aufgabe der Führungskräfte besteht nur noch darin, das jeweilig Angebotene mit den unternehmensspezifischen Besonderheiten abzugleichen, auszuwählen und mit der gebotenen Effizienz anzuwenden. Doch schon die Auswahl wird immer mehr zum Problem. Verschärfend kommt hinzu: Je schneller die neuen Erkenntnisse und Methoden von der Konkurrenz eingesetzt werden, desto stärker relativiert sich deren Nutzen. Was also ist zu tun? Darauf kann es nur eine Antwort geben: Noch schneller agieren. Das Hamsterrad beginnt sich zu drehen (vgl. ROHRHIRSCH 2002).

Wer diesem Hamstermarathon, der den Maßstab für Fortschritt mit einer stetigen Erhöhung der Trittfrequenz gleichsetzt, in *bewusster Verlangsamung* (vgl. WERNER 2004, S.16)[9] bedächtig und beharrlich entgegen denkt, der kommt nicht umhin zu fragen: Reicht es aus, in funktionaler Hinsicht immer mehr über den Menschen zu wissen? Zeigt nicht schon die bisherige *Frage*stellung nach dem Entrepreneur und der möglichen Zuordnung der Mitarbeiter zu ihm in ihrer Orientierung auf eine wissenschaftlich gesicherte Allgemeinheit *das* Grundmissverständnis schlechthin? Kann mit dieser Frage*stellung* eine Antwort auf die Frage nach dem *Selbst- und Mitsein* überhaupt erwartet werden? Wer außer einem *man* sagt, dass das Wesentliche beweisbar ist und nur das Beweisbare das Wesentliche sein kann? Sind nicht die Maßstäbe des Denkens zu wandeln, damit die Dinge wieder in ihren Rang und in ihre Maßstabsfunktion eingesetzt werden können, analog zu den Fragen: Bin ich das Gedachte meines Gehirns, das Gesehene meiner Augen, das Gehörte meiner Ohren?

Ist das Wesentliche beweisbar und nur das Beweisbare wesentlich?

Oder hat die alltägliche Erfahrung eine Bedeutung an sich, die ständig übersehen wird, weil sie im Kleide unspektakulärer Selbstverständlichkeit daherkommt und doch weit davon entfernt ist bedeutungslos zu sein, dass *ich selbst* mit Hilfe meiner Ohren höre, und diese selbst nicht *hören*; dass *ich selbst* mit meinen Augen sehe, und diese selbst nicht *sehen,* dass *ich selbst* mit meinem Gehirn denke, und dieses selbst nicht *denkt*? Die Fokussierung auf *Allgemeinheit* ist *die* Weichen-

---

9   WERNER bezeichnet die Kraft zur Entschleunigung, das heißt zur „bewussten Verlangsamung" als eine der wichtigsten Eigenschaften des Unternehmers.

stellung, an der alles unwiderruflich in die unwesentliche Richtung ge-
lenkt wird.

Ist das, was den Handelnden in seinem Menschsein bestimmt (sein
Wesen), ebenso zu erkennen und von gleicher Allgemeinheit, wie Buche,
Esche, Pappel und Ulme zu *Baum* und in Wurzel, Stamm und Krone ver-
allgemeinert und differenziert werden können?

1.4 Die Bedeutung der Wesensfrage für Verstehen und Erklären

Wenn Martin HEIDEGGER die Grundverfassung des menschlichen Daseins als ein *In-der-Welt-sein* bestimmt, dann verdankt sich diese Benen-
nung einer philosophischen Besinnung. Bevor näher auf diese Wesensbe-
stimmung eingegangen wird, soll als Erläuterung und Verständnishilfe die
Frage nach einem nicht menschlichen und nicht belebten Gegenstand,
soll die Frage nach dem Wesen einer Gitarre gestellt werden.

Wer bei ihr nach dem Wesen fragt, interessiert sich nicht primär dafür,
aus welchen Bestandteilen sie besteht, welches Verhältnis von Resonanz-
raum und Luftöffnung gegeben ist oder welcher Stahl für die Gitarrensai-
ten benutzt wurde.

Wer nach dem Wesen fragt, fragt nach der *Sachheit* von etwas. Die
Sachheit einer Gitarre eröffnet und zeigt sich, wenn sie in ihrem Musikin-
strumentsein, das heißt als Musikinstrument, erfahren wird. Wem Musik
verschlossen ist, der kommt nicht und niemals zu einer Gitarre. Der
kommt zum Feuerholz, an dem Metallteile angebracht sind, der kommt
zu einer relativ teuren und unhandlichen Fliegenpatsche, die überdies nur
für den Einmalgebrauch geeignet ist, der kommt zu einem dreidimensio-
nalen Ausschmückungsteil für Treppenaufgänge oder Hobbyzimmer etc.

Auch ein Physiker kommt nicht zur Musik, er kommt zur Akustik.
Noch so präzise und aufwendige Experimente und Mes-
sungen werden und können nicht die Kluft zwischen
Akustik und Musik anzeigen, geschweige denn über-
springen. Auch der Unterschied zwischen bedienen und
spielen einer Gitarre wird dem Fachwissenschaftler notwendig verschlossen bleiben (vgl. HEIDEGGER, GA 9, Humanismusbrief, S. 324)[10].

*Ein Physiker kommt nicht zur
Musik, er kommt zur Akustik.*

---

[10] „Es könnte doch sein, dass die Natur in der Seite, die sie der technischen Bemäch-
tigung durch den Menschen zukehrt, ihr Wesen geradezu verbirgt."

Das Anwendungsgebiet der Fachwissenschaften ist systemimmanent unbegrenzt und Selbstbeschränkungen sind nicht vorgesehen (vgl. ROHRHIRSCH 2002, S. 107 f.).

Doch nur der, der gegenüber den eigenen Grundlagen sensibel bleibt, der also immer wieder auf die Grundbegriffe der eigenen Fachwissenschaft reflektiert und sich diese immer wieder erneut *frag-würdig* macht, ist in der Lage, auf Veränderungen nicht nur angemessen zu reagieren, sondern Veränderungen zu initiieren, das heißt seine Wissenschaft innovativ und produktiv zu betreiben.

Die Rede vom imperialen Charakter wissenschaftlicher Terminologie ist kein bloßes Gerede. Wo der Maßstab der Wissenschaftlichkeit an ein methodisches Vorgehen gefesselt ist, kann und darf es für dieses keine Einschränkung mehr geben. „Daher kann die moderne Ökonomik zugleich ‚imperialistisch' in Bezug auf den Bereich möglicher Forschungsgegenstände und sehr begrenzt auf die Fragestellung, die Perspektive der Forschung sein" (HOMANN / SUCHANEK 2000, S. 438. Vgl. ROHRHIRSCH 2005, S. 51–57)[11].

An dieser Stelle wird offenkundig, welcher phänomenologische Reichtum bei den Dingen verloren geht und verborgen bleibt, wenn die Frage nach deren Sein in ihrer Bedeutung – auch für das wissenschaftliche Fragen – nicht erfasst wird. Wem sich das Wesen einer Sache nicht öffnet, wer sie nicht *versteht* und sich nicht auf sie *einstimmen* lässt, der kann, in Analogie zu einem Unternehmen unendlich viel über es und seine Abläufe wissen. Doch wer die Frage nach dem *Sinn* eines Unternehmens[12] für irrelevant hält, wird ihm nicht gerecht werden können. Er ist zwar in die Lage versetzt eine Menge an richtigen Ratschlägen und Empfehlungen zu geben, doch nicht notwendig sind diese auch die wesentlichen. Wo zudem der Mensch selbst die *Sache* ist, da weiß er unter Umständen sehr viel über sich und verfehlt sich nicht selten wesentlich.

---

11 Treffend kommt diese Mentalität in einer Anzeige für die *Wirtschaftswoche* zum Ausdruck, in der es heißt: „Unterm Strich ist alles Wirtschaft"(vgl. DIE ZEIT, Nr. 15 vom 6. April 2006, S. 17).

12 „Welchen Sinn hat ihr Unternehmen?" Diese Wesensfrage ist eine der Folgenreichsten schlechthin. Es ist die Frage, die in Coachinggesprächen und in Seminarsitzungen zunächst am meisten verwirrt, weil ihre Antwort am selbstverständlichsten scheint. In Firmenseminaren mit Mitarbeitern aus unterschiedlichen Bereichen führt sie zu tiefreichenden Diskussionen.

Jederzeit ist es im ethischen Bereich zu beobachten: Diejenigen, die ein *mehr* an Wissen zur Verfügung haben, sind nicht notwendig die, die besser, das heißt gut handeln. „Man mag es bedauern, aber zwischen Wissen und Verantwortung besteht kein unmittelbarer Zusammenhang. […]. Die Hoffnung, dass ein ‚mehr‘ an Informationen das Handeln des Menschen qualitativ verändert ist trügerisch. Aus Wissen erfolgt keine moralische Handlungsmaxime" (WIEGERLING 1998, S. 230f.).

So wenig der Akustiker bei einer materialen Zerlegung einer Gitarre das Wesen Musik finden wird, so wenig werden die Fachwissenschaften bei ihrer Fachzerlegung des Menschen das Wesen des Menschen finden. Darin jedoch einen Beweis für die Sinn- und Wirkungslosigkeit der Frage nach dem Wesen zu sehen, beziehungsweise zu meinen, hiermit die Nichtexistenz des Wesens aufgewiesen zu haben, wäre zu kurz gedacht und vergleichbar demjenigen, der die Sonne siebt und unter dem Sieb nichts findet und daraus nun schließt: Also gibt es die Sonne nicht. Zuzugeben ist: Es wäre nicht einfach, auf der Basis seines methodischen Vorgehens mit ihm über die Rechtmäßigkeit seiner Schlüsse zu diskutieren. Allenfalls könnte ihm der Rat gegeben werden, der ihn umgebenden Helle zu gedenken. „Die Philosophie ist *um* den Menschen Tag und Nacht wie der Himmel und die Erde, näher fast noch als sie, so wie die Helle, die zwischen beiden ruht, die aber der Mensch fast immer übersieht, weil er nur das betreibt, was ihm *in* der Helle erscheint. Zuweilen wird der Mensch auf die Helle um ihn eigens aufmerksam, wenn es dunkelt. Aber selbst dann achtet er ihrer nicht sorgsamer, weil er es gewohnt ist, dass die Helle wiederkehrt" (HEIDEGGER, GA 50, S.101f.).

1.5 Der Entrepreneur ist wesentlich Realträumer

Wer die Frage nach dem Entrepreneur, das heißt nach dem handelnden Menschen, das heißt nach sich selbst, den Wissenschaften übergibt, entlässt sie in eine Richtung, die nicht zum Menschen führt, sondern zu abstrakten, allgemeingültigen Erkenntnissen über ihn. Diese sind dadurch charakterisiert, dass sie ihre Exaktheit und Objektivität durch eine vorhergehende *Entweltlichung* des *Untersuchungsgegenstandes* zu bezahlen haben. Doch menschliches Leben ist nur im Vollzug seines sich-selbst-erfahrenden Existierens zu begreifen. Der Blick auf das *Sichselbstbegreifen* wie auf das *Sichselbstergreifen* menschlichen Lebens, *das je meines ist*, gelingt einer dem Subjekt-Objekt-Schema verpflichteten und so Distanz setzenden Wissenschaft niemals. Nicht zufällig, sondern völlig konsequent, wird die Person im systemtheoretischen Denken zum funktionalen Element entwürdigt. Die Folgen sind für das Personalwesen zwar bekannt. „Die ethische Problematik liegt darin, dass die geschilderten Bedingungen die Verantwortlichen leicht zu Zynikern, Schizophrenen oder Machiavellisten werden lassen" (NEUBERGER 1990). Doch die Methode befiehlt und ihr allein ist zu folgen. Auch dann, wenn der Mensch durch sie zum Funktionselement einer Theorie und zum *Objekt*[13] einer Methode wird.

Die Erkenntnisgegenstände (der Mensch wie anderes Seiende) sollen sich zwar zeigen, doch müssen sie es stets in ein und derselben Weise: in der einer objektivierenden, vor-stellenden Gegen-ständigkeit. Nur was ständig bleibt (in der Weise einer verfügbaren und stellbaren Gegenständigkeit) *ist,* und ist (erst) dann *wirklich. Ein* Weg, auf dem sich das Seiende in bestimmter Hinsicht zeigt, wird zu *dem* Weg und zu *der* Sicht schlechthin. Wie die Dinge zu sein haben, damit sie als wirklich und wahr gelten können, bestimmt das erkennende Subjekt durch sein Weltbild und ein darin herrschendes Verständnis von Denken und Sein.

Das Streben *nach* und die Sorge *um Gewissheit* einer Erkenntnis ist zur dominierenden Funktion innerhalb der Wahrheitsfrage geworden. Wahrheit wird nicht mehr mit einer schon gegebenen und unverfügbaren Offenbarkeit des Seienden (griech. *aläteia*)[14] in Beziehung gebracht, son-

---

13 In den Sozialwissenschaften, die menschliche Handlungen beziehungsweise deren Resultate thematisieren, bildet die Vergegenständlichung der Phänomene in Verbindung mit dem Wunsch nach Generalisierung ihrer Ergebnisse die methodische Grundlage für eine wissenschaftliche Untersuchung. „Wissenschaftliches Nachdenken beginnt […] damit, dass man sich künstlich naiv dem betrachtenden Gegenstand zuwendet, den man so praktisch in Distanz zu sich bringt" (LOER 2006, S. 11). Pierre Bourdieu strebt in der soziologischen Wissenschaft ein „generelles und genetisches Verständnis der Existenz des anderen [an], das auf der praktischen und theoretischen Einsicht in die sozialen Rahmenbedingungen basiert, deren Produkt er ist" (zitiert nach: SCHULTHEIS / SCHULZ, HG., 2005, S. 11).

14 Wahrheit ist hier noch kein *richtig*, zu dem der Gegenbegriff *falsch* gehört. Wahrheit wird als *entbergen*, im Sinne eines Offenbarmachens, verstanden. Zum Wandel des Wesens der Wahrheit von der Offenbarkeit zur Richtigkeit vgl. HEIDEGGER,

dern Wahrheit wird als *Unternehmen* aufgefasst, das, in Verbindung mit Gewissheit, auf *Richtigkeit* aus ist. Die Wahrheit kommt durch die Orientierung auf Richtigkeit in den Horizont des Rechnens und der darin herrschenden Idee einer umfassenden Berechenbarkeit. Wahrheit wird ein Problem der Logik. Die Ausprägung eines gleichförmigen, *rechnenden* Denkens übernimmt die Herrschaft, das mittlerweile grenzenlos geworden ist.[15] Auf der Basis *dieses* Denkens ist es dann *logisch*, dass das Wesentliche beweisbar zu sein hat und nur das Beweisbare das Wesentliche sein kann. Das hat Folgen für diejenigen Phänomenbereiche, die den Operationalisierungsanforderungen des neuzeitlichen Wissenschaftsverständnisses – aus welchen Gründen auch immer – nicht entsprechen kön-

---

GA 54, bes. S. 42–86. Auf der Grundlage dieses Wahrheitsverständnisses steht der Mensch immer schon *in der Wahrheit,* weil zu ihm konstitutiv Seinsverständnis gehört (vgl. Kapitel 2). Wenn Wahrheit im Sinn eines *Offenbarmachens* verstanden wird, lässt sich auch der neutestamentliche Satz: „Ich bin der Weg, die Wahrheit und das Leben." (Joh 14.6) von seinen gröbsten Missverständnissen befreien. „Ich bin die Wahrheit" kann dann nicht bedeuten, hier maßt sich jemand an, über jedes, alles zu wissen und das noch irrtumsfrei und intersubjektiv nachprüfbar. Es bedeutet viel mehr, dass dieser Mensch, Jesus von Nazareth, sich durch eine Offenheit ausgezeichnet versteht, – in einem Offenen steht und durch und in diesem lebt –, die es anderen ermöglicht, dieses Offene und Jesus Tragende selbst *wahr*zunehmen. Wahrzunehmen als das, was auch sie selbst trägt und wesen lässt. Durch diesen Menschen wird das Offene selbst mitteilbar. *Dieser* Mensch selbst (und *jeder* Mensch prinzipiell, das heißt wesentlich) *ist* die Mitteilung des Offenen, durch die er sich als *Christus* erweist. Diese Mitteilung wirkt, indem sie die Möglichkeit des je eigenen Selbstseins bewirkt. In *demselben* Grund ist die unendliche Vielfältigkeit von Individuen fundiert. Vielheit durch Einheit, statt Einheit in der Vielheit.

15 „Im planetarischen Imperialismus des technisch organisierten Menschen erreicht der Subjektivismus des Menschen seine höchste Spitze, von der er sich in die Ebene der organisierten Gleichförmigkeit niederlassen und dort sich einrichten wird. Diese Gleichförmigkeit wird das sicherste Instrument der vollständigen, nämlich technischen Herrschaft über die Erde. Die neuzeitliche Freiheit der Subjektivität geht vollständig in der ihr gemäßen Objektivität auf. Der Mensch kann dieses Geschick seines neuzeitlichen Wesens nicht von sich aus verlassen oder durch einen Machtspruch abbrechen. Aber der Mensch kann vordenkend bedenken, dass das Subjektsein des Menschentums weder die einzige Möglichkeit des anfangenden Wesens des geschichtlichen Menschen je gewesen, noch je sein wird" (HEIDEGGER, GA 5, S. 111).

nen: Wer dem Geßlerhut der Berechenbarkeit seine Reverenz verweigert, wird mit dem Verlust seiner gesellschaftlichen Relevanz bestraft.

Doch es braucht keinen Willhelm Tell (Schiller), um den irrigen Sinn einer solchen Methodenherrschaft offenzulegen und zu bekämpfen. Die Diktatur einer umfassenden Berechenbarkeit bleibt nicht bei den Gegenstandsbereichen der Wissenschaften stehen, sondern schlägt auf die Wissenschaften zurück. Die Wissenschaft hat sich nun selbst zu *rechnen*. Forschungsprogramme, wissenschaftliche Projekte etc. haben zunehmend dann Aussicht auf finanzielle Förderung, wenn sie wertvoll sind, das heißt zur Wertschöpfung einer Gesellschaft beitragen. Die Wertigkeit einer Wissenschaft zeigt sich nicht mehr, wie im Mittelalter, an der Würdigkeit ihrer Gegenstandsbereiche, nicht mehr, wie im Gefolge Descartes üblich, am Maßstab eines methodischen Vorgehens, sondern der Wert einer Wissenschaft zeigt sich gegenwärtig im Maße ihrer ökonomischen Verwertbarkeit.[16]

Exkurs: Globalisierung als Herrschaft des berechnenden Denkens.

Eine Weise, wie vom Seienden gedacht werden kann, wurde zu *dem* Maßstab des Denkens, auch des nicht-europäischen. „,Das' Denken – dies ist unser abendländisches, vom *logos* her bestimmtes und auf ihn abgestimmtes Denken. Dies heißt beileibe nicht, die Welt des alten Indien, China und Japan sei gedanken-los geblieben. Vielmehr enthält der Hinweis auf den *logos*-Charakter des abendländischen Denkens das Geheiß an uns, dass wir, falls wir es wagen sollten, an jene fremde Welten zu rühren, uns zuvor fragen, ob wir überhaupt das Ohr dafür haben, das dort Gedachte zu hören. Diese Frage wird umso brennender, als das europäische Denken auch darin planetarisch zu werden droht, dass die heutigen Inder, Chinesen und Japaner uns das von ihnen Erfahrene vielfach nur noch in unserer europäischen Denkweise zutragen" (HEIDEGGER, GA 79, S. 145).

Wo Menschen, die aus ihren gewohnten Kulturkreisen ein daraus abgeleitetes Selbstverständnis gezogen haben, zu einer Neubestimmung ihrer gesellschaftlichen Verhältnisse und einer damit einhergehenden Selbstbestimmung aufgefordert werden, wächst die Gefahr der Entfremdung. Besteht doch die angebotene *Kultur* im Wesent-

---

16   „Die ,Wissenschaft' ist die Verleugnung alles Wissens von der Wahrheit. Zu meinen, heute sei die ,Wissenschaft' angefeindet, ist ein Grundirrtum: Noch nie ist es der ,Wissenschaft' besser gegangen als heute, und es wird ihr noch besser gehen als bisher. Aber kein Wissender wird den ,Wissenschaftler' beneiden – die erbärmlichsten Sklaven der neuesten Zeit" (HEIDEGGER, GA 45, S. 4).

lichen aus einer einseitigen, szientifisch-technologischen Rationalitätsform, die sich in ökonomischer Hinsicht im Imperativ des *Schneller-Weiter-Größer-Mehr* artikuliert. Die Übernahme fremder Denk- und Seinskategorien birgt Gefahren. Auch eine (mehr oder weniger) freiwillige Übernahme und Adaption wird weder nationale noch kontinentale Identitäten und ebenso wenig eine planetarische Integration fördern. Die Herrschaft und Nutzung eines allgemeingültigen Denkhorizontes, der aus der normativen Kraft des Faktischen seine vermeintliche Legitimität bezieht, ist nicht einheitsbildend. Einheit lässt sich nur durch die Ausbildung des Eigenen erreichen. Zur Ausbildung des Eigenen ist Fremdes notwendig. Nur im Durchgang (nicht in seiner Vernichtung oder im Versuch einer Assimilierung) durch das Fremde, in der Anerkennung des Fremden als Fremden, ist es möglich, das Eigene zu erfahren und es bewusst zu übernehmen. „Denn erst dort, wo das Fremde in seiner wesenhaften Gegensätzlichkeit erkannt und anerkannt ist, besteht die Möglichkeit der echten Beziehung, und d. h. der Einigung, die nicht wirre Vermischung sondern fügende Unterscheidung ist" (HEIDEGGER, GA 53, S. 67f).

In der Frage nach dem Entrepreneur und seiner Verwiesenheit auf Andere führt die wissenschaftliche Antwort mit ihrem zugrunde liegenden Subjekt-Objekt-Schema, in Verbindung mit einem auf berechnende Richtigkeit orientierten Wahrheitsbegriff, *nicht* zu einem *Realträumer* und einem daraus folgenden Wirklichkeitsverwandler, sondern zum intelligenten, rational agierenden, Funktionen ausbildenden ethik- und moralfreien *Macher* – zum Alphamännchen und (s)einem dazugehörigen Tierverband, das heißt zu Herde, Horde oder Rudel. Selbstredend sind dann ökonomische Handlungen, wie ausnahmslos alle Handlungen und Verhaltensweisen des Menschen, ein Streben nach Dominanz und Stimulanz, mit den dazu nötigen Sicherungstendenzen. „Mehr von allem" lautet das einzige Prinzip der Natur und das heißt jeder Unternehmung, jeder Organisation und jedes Menschen. Und dieses Streben kann sehr *rational*, mit neuesten wissenschaftlichen Erkenntnissen erklärt und gerechtfertigt werden. Unternehmensziele und -visionen, die im *immer mehr* ihren harten Kern haben sind die einzig *natürlichen* und insofern *normal* (HÄUSEL 2005, S. 217)[17].

---

17 „Es gibt keinen Bereich im Unternehmen oder im Management, der letztlich nicht den limbischen Instruktionen gehört beziehungsweise darauf basiert. Aus diesem Grunde sollte man in allen wichtigen oder kritischen Situationen stets seine ‚limbische Brille' aufsetzen, um hinter die Kulissen zu schauen und um die wahre Natur der Sache besser zu erkennen!"

Etwas anderes zu denken ist in popularisierten Erklärungskonzepten schwer möglich, weil diese nicht selten mit ausgefeilten Immunisierungs-strategien brillieren und auf die Idee einer vollständigen Reduktion von Wissenschaften fixiert sind.[18]

Entrepreneurship ist mit Erklärungssystemen dieser Art nicht zu fassen. Denn Entrepreneure sind – wie gesagt – Realträumer, das heißt Wirk-lichkeitsverwandler. Zuzugeben ist: Mit den oben angeführten Denk-schablonen ist mit einem Realträumer und Wirklichkeitsverwandler nicht viel anzufangen.[19]

HEIDEGGER hat in den 30/40er Jahren des 20. Jh. Hölderlin ausge-legt. Er sieht in ihm den Dichter des anderen Anfanges. Dieser Anfang verdankt sich nicht mehr den Wurzeln einer überkomme-nen Metaphysik, die vom Sein zwar spricht, aber das Sein eines Seienden meint und dadurch immer nur zum Vor-handenen kommt und ständig übersieht: „Zum Sein des Menschen gehört ein Nichtsein" (HEIDEGGER, GA 52, S. 114). Mit dem zum Menschen gehörenden Nichtsein ist nicht nur ein materialer, gegenständlicher Mangel des Menschen angesprochen, sondern das Sein des Menschen selbst ist durch ein Nichtsein konstituiert.[20] Wer das zum Dasein gehörige Nichtsein über-

Wer das zum Dasein gehörige Nichtsein übersieht oder gar leugnet, der kann weder die Menschen noch ihre Unternehmungen verstehen.

---

18 Zur Nichtrealisierbarkeit dieses Traumes vgl. POPPER 1994, S. 47–92.

19 Zum Entrepreneur als „Realträumer" bei WERNER vgl. Vorlesungsmanuskripte vom 12.11.2003, S. 6f.; 03.03.2004, S. 12; 14.07.2004, S. 5; sowie WERNER 2006, S. 24.

20 Der von WERNER angesprochene Mangel, der den Menschen ständig bestimmt und der „genetisch in uns zu sein scheint" (STERN, S. 178), ist noch tiefer, im Wesen des Menschen zu verorten. Auch in den hoffentlich bald anbrechenden Zei-ten eines bedingungslosen Grundeinkommens auf der Basis einer ausgewogenen Verteilungsgerechtigkeit, wird die Erfahrung des Mangels die Menschen bleibend begleiten. Und diese zukünftige Mangelerfahrung wird zu einer Zumutung qualita-tiv anderer Art führen. Auch in materiell gesicherten Verhältnissen wird der Mensch die Erfahrung machen, die in kürzest möglicher Weise von Ernst Bloch einmal so formuliert wurde: „Etwas fehlt". Wo kein Erwerbszwang die Frage nach dem Sinn der Existenz überdeckt, beziehungsweise diese mit jenem beantwortet wird, kann der Aufruf zur Entscheidung, wie und wofür ich leben und arbeiten will, nicht mehr mit vermeintlichen Sachzwängen erledigt werden.

Die Vorahnung der Größe und Andersheit dieser Sinn-Zumutung könnte einen Grund bilden, warum die Diskussion über das Für und Wider eines bedingungslo-

sieht oder gar leugnet, der kann weder die Menschen noch ihre Unternehmungen verstehen.

Doch diesem Nichtsein stellt sich der Mensch selten und flieht vor ihm nahezu ständig. Stattdessen hält er sich an das Alltägliche und täglich Vorhandene. Dieses wird für die *wirkliche* Wirklichkeit gehalten. Der Entrepreneur als *Realträumer* denkt und handelt anders. Für ihn, wie für den eigentlichen, das heißt sich selbst wählenden Menschen, ist das Vorhandene nicht das Wirkliche. Für beide ist das Mögliche das Wirkliche. Das Mögliche ist nicht nur das in ihnen Wirkende und so sie Bewegende, sondern auch das sie Bewirkende. Was damit gemeint ist, kann mit Hilfe des Traums verdeutlicht werden. In Bezug auf Hölderlin bestimmt HEIDEGGER den Traum als ein eigentümliches *Zwischen*. Dieses Zwischen ist der Ort, inmitten von Sein und Nichtsein, der das Mögliche real und das Wirkliche ideal werden lässt. Träume sind keine Schäume. Das Traumhafte meint nicht das Unwirkliche, im Sinne eines bloßen Entschwindens und Nichtseins; im Gegenteil, so HEIDEGGER: „Das Traumhafte betrifft das Realwerden des Möglichen im Idealwerden des Wirklichen. Das Wirkliche geht zurück in die Erinnerung, indem das Mögliche und zwar als das Kommende die Erwartung bindet" (HEIDEGGER GA 52, S. 121).

Träume sind in dieser Hinsicht Künder aus Ortschaften, in denen das eigene Wesen gründet. Sie weisen in den Grund, in die *archä* des Menschen, aus dem ihm Sendung und Auftrag entspringen. Diese uranfängliche Bestimmung vermag in keiner konkreten Lebenssituation eingeholt zu werden. Obgleich sie jede prägt, ist sie über jede immer schon hinaus und kommt als Bestimmung (Schicksal) auf ihn zu. Sein Anfang (als Ursprung) ist seine bleibende Zukunft. *Werde der Du bist.*

Ein Gewordensein (bin) mit einem Werden zur Fügung zu bringen ist nur dann widersprüchlich, wenn die alltägliche Vorhandenheit zum Maß des Entrepreneurs wird. Dann geht er, *in der Tat*, im bloßen Machen der alltäglichen Welt auf, in einer Gegenwart, die durch ein „jetzt" bestimmt ist und in der die Unternehmensvisionen darin bestehen, Jahr für Jahr ein Mehr an Umsatz, Gewinn und Marktanteilen zu erwirtschaften. In einer solchen Gegenwart wird Machtausdehnung zur Pflicht, Gewinnmaximie-

---

sen Grundeinkommens durch eine eigenartige Verhaltenheit, eine Scheu, charakterisiert werden kann, über dieses Thema öffentlich zu sprechen. Ob diese Scheu, von den ungeheuerlichen Möglichkeiten eines ganz anderen Lebens herrührt, beziehungsweise in dieser Frage am schnellsten das jeweilige Menschenbild zur Sprache kommt? Vgl. dazu auch Fußnote 22, FABIO 2006.

rung selbstverständlich und die Höhe der augenblicklichen Dividenden zum Maß der Zukunftsfähigkeit eines Unternehmens.

Ein Entrepreneur ist wohl im Gegenwärtigen orientiert. Er hat in ihm seinen Stand und ist doch nicht in ihm verwurzelt. Der Entrepreneur ist wesentlich zukünftig. *Wo der Entrepreneur ist, ist Zukunft anwesend, mitten in der Gegenwart.* Er schafft an der Verwirklichung des Möglichen und bildet dadurch das Vorhandene um und *hebt* es in einem dreifachen Sinne auf.

Wo der Entrepreneur ist, ist Zukunft anwesend, mitten in der Gegenwart.

- Es ist ein *Aufheben im Sinne eines Überwindens* des Vorhandenen. Dieses wird in der Weise eines Beseitigens und Wegnehmens (tollere) vollzogen, das auch zerstörenden Charakter haben kann. Die Interpretationen des Schumpeterschen Unternehmertypus konzentrieren sich meist auf diesen Bereich der „Zerstörung". Aufheben dient hierbei der Befreiung von der Last des nur Überkommenen und gewohnten Bisherigen.
- Es ist ein *Aufheben im Sinn eines Mitnehmens* dessen, was aufgehoben gehört, weil es als wesentlich erkannt und erfahren wurde. Es ist zu unterscheiden vom bloß angesammelten Hinzugekommenen, das sich den alltäglichen betriebhaften Tätigkeiten eines hier und heute verdankt. Aufheben als Mitnehmen und Aufbewahren (conservare) in und für ein Zukünftiges.
- Es ist, drittens, ein *Aufheben im Sinne eines Wandels*, das das bisherig Wirksame (conservare) aufhebend und hinaufhebend (elevare) umgestaltet und so, Wirklichkeit gestaltend, verwandelt.

Das Vorhandene ist kein Maßstab für den Entrepreneur. Es dient ihm als Ausgangspunkt einer Gestaltung von Wirklichkeit „nach Zielen, die er sich, im Rahmen sinnvoll-wirtschaftlichen Handelns selbst setzt" (WERNER 2006a, S.9) und die doch nicht in seiner Beliebigkeit stehen. Das Ziel als „wohin und wofür einer Veränderung" ist als Ideales immer schon vorweg. Das Ideale ist nichts Ausgedachtes beziehungsweise der Willkür eines Subjektes anheim gegeben. Zum Entrepreneur gehört das Vermögen, etwas zu bewirken. Zu ihm gehört Macht. Doch nicht jeder, der sich faktisch als Mächtiger erfährt und Macht einsetzt, um etwas in Gang zu bringen, ist ein Entrepreneur. Häufig werden die Vermächtnisse bloß mächtiger Macher – und das nicht zufällig – von den Nachkommenden als Belastung erfahren, weil die Bestandslosigkeit dieser „Werke" leider nicht mit der Folgenlosigkeit ihrer Machenschaften korreliert.

Das Ideale bedarf der höchsten Verantwortung. Am Führungsverständnis, sowohl an der Selbst- wie an der Mitarbeiterführung, zeigt sich der Unterschied von Entrepreneur und Macher. Das Ideale ist das Anfängliche, das über den Entrepreneur hinaus- und vorweggeworfen ist und in dessen Wurf der Entrepreneur verankert ist. Das Ideale ist seine Sendung, die er als seine Bestimmung erfährt und ihn so bestimmt. Diese Bestimmung ist seine Zukunft, die er in seiner Antwort auf den Ruf als personalen Entwurf gestaltet und als Berufung *erleidet* und ihn so auch zur Leidenschaft für seine Sache fähig werden lässt.

Das Ideale bedarf der höchsten Verantwortung.

Leiden meint in diesem Zusammenhang kein klagloses Übersichergehenlassen von Widerfahrnissen, die man nicht will, an die man sich aber ausgeliefert erfährt. Leiden ist, dem entgegenstehend, ein demütiges sich bereiten auf das Entgegennehmen und Durchtragen des aus dem Ruf ergangenen Gehörten. Leiden ist ein „Aufsichnehmen und zum Austrag bringen dessen, was den Menschen überwächst und ihn so verwandelt und damit immer ertragsamer macht für das, was er fassen soll. […]. Dieses Leiden steht jenseits der gewöhnlichen Aktivität und Passivität" (HEIDEGGER, GA 45, S. 175.).

Eine Selbstführung, die den Entwurfscharakter des Entrepreneurs mit der hinnehmenden Annahme seiner Berufung zur Fügung bringen will, ist als beständige Neuausrichtung, das heißt Aktualisierung des Anfangs zu vollziehen. Nur aus einer *anfänglichen Orientierung* vermag verantwortbare Selbstführung den Anforderungen des Zukünftigen gerecht zu werden. Eine Orientierung, die sich dem Anfang verpflichtet weiß, ist der beste Weg, das Wesentliche mit in eine Zukunft zu nehmen beziehungsweise eine wesentliche Zukunft zu haben. Eine Orientierung, die sich dem Anfang verpflichtet weiß, wird gerade kein „Vorwärts Marsch. Wir müssen zurück!" befehlen, ebensowenig wird sie in den melancholisch-resignativen Chor eines „damals war alles viel besser" einstimmen. Beide würden lediglich einen „Beginn" wiederholen, aber nicht den „Anfang". Ein Beginn ist „nur" die jeweilige Realisation eines „Anfangs". Der Anfang ist der niemals überholbare Wesensgrund, der nicht zurückbleibt, sondern alles Beginnende und Folgende bestimmt. Der Anfang ist immer, das heißt bleibend, da. Da, wo einer anfänglich bestimmt ist, ist Gegenwart möglich, weil in eins mit ihr Zukunft und Vergangenheit anwesend sind. Wer in seinem Sein vom *zugleich* der zeitlichen Entfaltung des Anfangs durchstimmt ist, der erfährt sich als geschichtliches Wesen. Er lebt nicht nur, er existiert. Das macht einen Unterschied, und keinen geringen (siehe unten Kapitel 2.2).

Die Aufgabe einer Selbstführung stellt sich nur einem geschichtlichen Wesen. Nicht zufällig ist der Mensch, in seiner Konstitution als geschichtliches Wesen, durch eine Gewissenserfahrung gekennzeichnet. Gewissen in diesem Sinne ist der aus mir und über mich kommende verschwiegene Aufruf zur erneuten Hinwendung an den Anfang, zurück aus dem Aufgehen und Betreiben des alltäglich Vorhandenen. Der Gewissensanruf ist ein Aufruf zur Treue gegenüber der je eigenen Zukünftigkeit, die in der immer wiederkehrenden Wahl zum eigentlichen Selbstseinwollen stets erneut vergegenwärtigt und vollzogen wird.

Wenn Verwandlung der Welt Wandlung des Daseins ist, wird ein Entrepreneur dem Mitsein seiner Mitarbeiter dann gerecht, wenn er dafür Sorge trägt, deren Mitarbeit so zu gestalten, dass in dieser deren Selbstentfaltungs- und Selbstbestimmungsmöglichkeiten gefördert werden. Das ist dann der Fall, wenn der Teil des unternehmerischen Vollzuges, an dem sie mitarbeiten, als Teil ihrer eigenen Sendung erfahrbar wird. Verwandlung von Gegenwart im unternehmerischen Mitsein ist zugleich Ausbildung der Person. Person ist das *Mehr* gegenüber dem empirisch beobachtbaren und kategorisierbaren Menschen. Person bezeichnet die Würde und Unverfügbarkeit des Menschen. Mit Person kommt das Selbst des Menschen in das Blickfeld. Es macht offenbar, dass der Mensch mehr ist als ein Ich, im Sinne eines rational orientierten, egozentrierten Lebewesens (ROHRHIRSCH 2005, S. 56).

> *Person ist das* Mehr *gegenüber dem empirischen Menschen. Person bezeichnet die Würde und Unverfügbarkeit des Menschen.*

Es kann keinen Entrepreneur ohne mit ihm seiende Entrepreneure geben. Was vom Entrepreneur gilt, gilt für jeden Handelnden und für jeden im Unternehmen Handelnden. Die Besonderheit des Führenden beziehungsweise Unternehmensleiters ist im Erfahren und Ergreifen des „rechten Augenblicks" zu sehen, den er initiatorisch nutzt, indem er für die Sache wirbt, die er (schon) sieht, damit er sie mit Mitstreitern verwirklichen kann (LOER 2006, S. 27f.). In einer unternehmerischen Leistungserstellung gibt es wohl unterschiedliche Aufgabenbereiche, aber keine zwei Klassen von Mitarbeitern.

Es gibt nicht den Real-Träumer und Entrepreneur hier und die Realisten und Gefolgsleute dort. „Der Mitarbeitende ist kein Werkzeug in der Hand des Unternehmers, sondern wird durch das Zutrauen als ein autonomer Teil des unternehmerischen Auftrages geachtet. Darin liegt ein gravierender Unterschied. […]. Also: Die Zusammenarbeit aller muss das Real-Träumertum für alle befördern können – die unternehmerische Fähigkeit aller" (WERNER 2006a, S. 20, 24). Einen (numerisch verstanden) Entrepreneur allein gibt es nicht.

In einer unternehmerischen Leistungserstellung gibt es wohl unterschiedliche Aufgabenbereiche, aber keine zwei Klassen von Mitarbeitern.

Die Achtung der Würde des anderen und die konsequente Anwendung des Gedankens der Selbstzwecklichkeit der Person, das Vertrauen auf ihn und das Zutrauen in seinen Willen zum selbstbestimmten Handeln, in Verbindung mit einer sorgsam gepflegten Unternehmenssprache, sind unerlässliche Bedingungen, die zur Bildung, Erhaltung und Intensivierung eines Mitseins beitragen, das sich als Real-Träumertum erfahren kann. Machen und herstellen in technologisch-kausaler Hinsicht lässt es sich nicht. Wo dies versucht wird, ist Misserfolg vorprogrammiert.

Wo sich Menschen eigentlich ergreifen, geschieht Verwandlung der Welt. Das ist möglich, weil das Wesen des Menschen als ein In-der-Welt-sein zu begreifen ist.

2 Der Mensch als „In-der-Welt-sein" ist wesentlich „Mitsein"

2.1 Im Alltäglichen zeigt sich die Besonderheit des Menschen

Dass es der Entrepreneur bei seiner alltäglichen Arbeit stets mit Menschen zu tun hat, dass er in konkreten Lagen und Situationen mit und an anderen handelt, das ist jederzeit feststellbar. Mit den Bezeichnungen „In-der-Welt-sein" und „Mitsein" sind diese alltäglichen Vorkommnisse *nicht* im Sinne ihrer bloßen Vorhandenheit thematisiert. Sachverhalte sind noch nicht erklärt oder verstanden, wenn sie mit einem neuen Schlagwort bezeichnet werden.

Die Besonderheit des philosophischen Zugangs zum Menschen über die Seinsfrage ist darin zu sehen, dass die Ebene der bloßen Vorhandenheit nicht übersprungen wird, sondern ein verbindlicher Bezugspunkt des Nachdenkens bleibt. Im Alltäglichen, Gewöhnlichen, im Selbstverständlichen liegt das Bedeutsame und das zu Bedenkende. Im Erstaunen (griech.

Das Selbstverständliche ist der Anfang des Philosophierens.

taumazein) über das Selbstverständliche ist der Anfang des Philosophierens gegründet. Im Alltäglichen sind die Prinzipien und Gründe immer noch wirksam und anwesend, wenngleich vielfältig überformt, verstellt und verschüttet. Meist wird das Vorhandene, das Aktuelle, das Laute in seiner Aufdringlichkeit und Distanzlosigkeit für das eigentlich Wirkliche gehalten. So ist es kein Zufall, dass der Mensch aus dem Zunächst und Zumeist des „man" sein Dasein versteht und das Gegenwärtige als verbindlichen Ausgangspunkt setzt, aus dem heraus er lebt, agiert und sich und andere versteht. Diese Ebene, in die der Mensch in seiner Faktizität geworfen bleibt und die seine durchschnittliche Alltäglichkeit durchformt, bildet den Bezugsraum für die Frage nach dem Wesen des Menschen.

Während eine wissenschaftliche Methode zur Erklärung des *vorhandenen* Menschen anderes *Vorhandenes* (Fakten und Gesetzmäßigkeiten) einsetzt, liegt es im Bestreben eines philosophischen Nachdenkens über das Sein des Menschen gerade kein anderes Faktum heranzuziehen. Das „Faktum" Mensch soll *an ihm selbst*, in seinem Was-sein, Dass-sein, So-sein und Wahrsein aufgedeckt und verstanden werden. Was ist der Mensch an sich selbst? Thematisch formuliert: Wie ist die Sachheit, das

Wesen, die „idea" des Menschen zu begreifen, wenn er sich stets als einer erfährt, der sich selbst nicht genug ist, das heißt in seinem Selbstsein schon konstitutiv auf andere verwiesen ist? Wie ursprünglich muss das Mitsein der Anderen im Selbstsein angesetzt werden, damit auch die empirisch gegensätzlichen Wahrnehmungen des Mitseins dem Menschen verstehbar werden können? Ist Mitsein nicht schon auch da gegeben, wo empirisch gesehen gerade keiner vorhanden ist, das heißt im Fehlen des anderen, im Sehnsuchthaben nach ihm? Auch die Phänomene des Nebeneinanderherlebens, des Aneinandervorbeigehens, des Mitarbeitens und Entgegenarbeitens können ohne eine konstitutive Verwiesenheit auf andere, auf das Mitsein mit anderen, nicht verstanden werden. Auch wo empirisch betrachtet viele bei mir und um mich sind, kann ich einsam sein. Einsam-*sein-können* ist nur einem Wesen zu eigen, das als Mitsein verfasst ist.

2.2 Der Mensch lebt nicht nur – er existiert.
Existenz als Sorge und Fürsorge

Dasein ist ein Seiendes, dem es in seinem Sein um dieses Sein selbst geht. „Das ‚Wesen' dieses Seienden liegt in seinem Zu-sein.[…]. Das Sein, *darum* es diesem Seienden in seinem Sein geht, ist je meines.[…]. Das Ansprechen von Dasein muß gemäß dem Charakter der *Jemeinigkeit* dieses Seienden stets das *Personal*pronomen mitsagen: ‚ich bin', ‚du bist'" (HEIDEGGER, GA 2, S. 56f). Das Sein, das zu sich *ich* sagen kann (das Dasein, das ich je selbst bin), erfährt sich in seiner Übereignetheit. Kein Ich hat sich je selbst zu einem solchen gemacht oder darüber verfügt nun in die Existenz zu treten. Meinen eigenen Grund habe ich mir nicht selbst geschaffen. Mein Sein gehört mir nicht. Und doch ermöglicht es mir meine Erfahrung: jemand zu sein, der zu sich „ich" sagen kann, und der versteht was er meint, wenn er sagt „ich bin". Dass diese Erfahrung uns nicht fragwürdiger ist, liegt mit daran, dass dieses Sein das uns Nächste ist – wir sind es ja selbst – und dadurch ständig übersehen wird. „Denn der Weg zum Nahen ist für uns Menschen jederzeit der weiteste und darum der schwerste" (HEIDEGGER, GA 10, S. 5.).

Das Wesen des menschlichen Seins (des Daseins) liegt in seiner Existenz und Jemeinigkeit. Es ist sein Wesen *zu sein*. Nur im *Sichvollziehen* ist es. Das Können dazu und in welcher Weise das Dasein dieses Können durchführt (in eigentlicher oder un-eigentlicher Weise) *ist* sein Wesen. Die Besonderheit des Menschen ist gerade nicht in einem beobachtbaren, spezifischen und allgemeingültigen Lebendigsein zu sehen, sondern kommt im philosophischen Nachdenken dadurch zum Ausdruck, dass der Mensch aus der Perspektive der Ontologie[21] (Grundbegriff – Sein) *nicht lebt, sondern existiert.* Existieren heißt, ein verstehendes Verhältnis zu sich selbst zu vollziehen. Nur ein *Existierendes* kann ein Selbst *haben.* Dieses Selbstverhältnis zu *sein,* ist das, worin sich ein Existierender gegenüber einem nur Lebenden unterscheidet, mag dieses auch mit höherer Intelligenz und ausgeprägterer Rationalität ausgestattet sein. Das „Dasein *ist* je seine Möglichkeit" (HEIDEGGER, GA 2, S. 57).

Wenn das Dasein je seine Möglichkeit ist, heißt das auch, dass der Grund, auf dem das Dasein steht, kein Grund ist, auf den es sich, wenn es nicht mehr weiter weiß, in der Krise steckt, kein Land mehr sieht, zurückziehen oder kurzeitig, mit einer Auszeit, sich aus dem Spiel nehmen kann, bis es wieder Atem, Stand und Orientierung gewonnen hat. Das Fährschiff des menschlichen Lebens hat kein Trockendock zur Verfügung, in dem die schwierigen und notwendigen Arbeiten durchgeführt werden können. Die Fähre des menschlichen Lebens ist ständig auf See. Alle Umbauten und Reparaturen sind auf offener See durchzuführen. Für diese Fähre gibt es kein Land. Das heißt nicht, dass eine Orientierung unmöglich ist und die Fahrt ziellos vonstatten geht.

Das Bild der Fähre soll verdeutlichen, dass das Wesen des Menschen aus der Perspektive des gewöhnlichen Vorhandenen (der Dinge, Pflanzen, Tiere) als ein abgründiges, grundloses, nichtiges Wesen zu begreifen ist. Das Wesen des Menschen hat *nichts* von der Beharrlichkeit eines innerweltlich Vorhandenen, es hat *nichts* von einem unverrück- und unzerstörbaren Kern, es hat *nichts* von einer letzten, insichstehenden und sichselbstgenügenden Substanz. Der Grund des Daseins ist ein Nichtiger. Das Dasein hört auch nicht irgendwann einmal auf und beendet damit seinen Lebenslauf. Sondern es *ist* ein „Sein zum Ende" (HEIDEGGER, GA 2, S. 326). Solange es existiert ist es ein Nichtiges. Keinen Grund beziehungsweise so einen Grund zu haben zeigt sich als Angst. Dieser Angst

---

21 Die Bezeichnung *Ontologie* findet sich erst im 17. Jh. Die Sache findet sich schon bei Aristoteles (384–322 v. Chr.), der nach dem Seienden als solchem fragt. Was kommt jedem Seienden zu, insofern es ist? Von den Nachfolgenden wird dieser Fragebereich als *Metaphysik* bezeichnet.

kann unterschiedlich begegnet werden. Ihr auszuweichen ist nicht rat-
sam, denn die Flucht vor ihr ist die Flucht vor dem eigenen Selbst.

Wer die Endlichkeit des Menschseins in Unternehmens- und Führungs-
vollzügen außen vor lässt, „weil diese Themen nun wirklich nichts mit der
gewöhnlichen Leistungserstellung unserer Mannschaft im betrieblichen
Alltag zu tun haben", den holen sie nicht nur eines Tages ein, sondern
sind ihnen, als negative Orientierung, ständig voraus. Durch ihre gezielte
Vernachlässigung entstehen Trugbilder vermeintlich erfolgreichen Lebens
und erfolgreicher Unternehmensführung. Beide sind durch eine Fixierung
auf quantitatives und finanzielles Wachstum beziehungsweise Erfolg gekennzeichnet.

Doch wer Unternehmen als das begreift, was sie sind, von Menschen
Hervorgebrachtes, in denen sich Menschen im Mitsein mit anderen zum
Ausdruck bringen und im Für-einander-leisten an einem gelingenden
Leben und an einer ebensolchen Welt arbeiten, wird erkennen, dass Bilder, Modelle und Begriffe von Unternehmen, die es als fraktales Gebilde,
als Netz, als Organismus, als Organisation oder System etc. begreifen,
weit hinter das zurückfallen, was diese zu leisten vorgeben. Wo kein Platz
ist für Scheitern, für Krise, für Schrumpfen, für Endlichkeit, da werden
nicht nur Bilder verallgemeinert, die der Vielzahl möglicher Unterneh-
mensstadien nicht gerecht werden, sondern auch der Mensch wird auf
wenige operationalisierbare, sozio-ökonomische Rollen festgelegt. Er
wird zum Ebenbild eines deus oeconomicus, der, entsprechend den trini-
tarischen Hervorgängen der göttlichen Personen, an *Zahlung, Nutzen
und Konsum* sein egozentriertes Leben rational und selbstverständlich
vorteilsorientiert ausrichtet.

Dieser „Gott" vermag nicht zu verhindern, dass eine ständig aus dem
Wesen des Menschen aufsteigende Endlichkeit immer wieder den Schein
umfassender und erfolgreicher Gesichertheit zerreißt. Sie zeigt sich nicht
nur in einer plötzlich aufbrechenden Angst, sie zeigt sich auch in einer
doppelten Unzulänglichkeit seiner mentalen und körperlichen Bestandteile und deren Leistungsfähigkeit.

Eine in Aussicht gestellte Revitalisierung und Konservierung eines als
Körpers missdeuteten Leibes, wie sie im Verbund von Fitness- und Anti-
Aging-Industrie als Gegenstrategien angeboten werden, sowie eine ge-
plante Substituierung des Körpers in der Robotik, gehen aus denselben

Wer die Endlichkeit des Menschen bekämpft, bekämpft den Menschen selbst. Wurzeln hervor und haben dasselbe Ziel: die Endlichkeit des Menschen zu überwinden, die vorrangig an der Vergänglichkeit seines Körpers festgemacht wird. Doch der gut gemeinte Kampf für den Menschen ist im Grunde ein Kampf gegen ihn.

Wer in einer unternehmensinternen Kommunikation die Endlichkeit des Menschen ausblendet, weil das „unsere Leute nur belastet und verwirrt", wird das befördern, wovor er flieht: ein Klima der Verbissenheit und der Verunsicherung. In diesen Unternehmenskulturen, die zumeist durch eine besondere Art der Humorlosigkeit charakterisierbar sind, kann sich keine Gelassenheit mehr bilden, aus der Zuversicht entspringen kann. Das Fehlen von Zuversicht erzeugt Aktionismus und dieser hat in verunsicherten Abteilungen und bei ebensolchen Vorgesetzten stets Hochkonjunktur. Wo Gelassenheit fehlt, weil kein Tiefen- und Orientierungswissen mehr vorhanden ist, regiert Furcht. In ihrem Gefolge machen sich Verwirrung und Ziellosigkeit breit, die eine Unternehmenskommunikation schaffen, in der Neugier, Gerede und Zweideutigkeit vorherrschend sind.

Wer die Möglichkeit eines Scheiterns in Selbstführungs- und Unternehmensvollzügen ausschließt, schafft am un-menschlichen Leben mit. Er übersieht *das* an der prinzipiellen Begrenztheit menschlichen Lebens, was gründlich bedacht, erfolgreiches Unternehmertum und gelingende Selbstführung überhaupt erst möglich macht. *Die Endlichkeit des Menschen ist die Bedingung für Sinn.* Seine Endlichkeit verleiht einer Wahl und einer Bindung an das Gewählte erst ihre Bedeutung. Die *Das Wesen des Menschen ist die Freiheit.* Erfahrung der Begrenztheit zeigt dem Menschen seine wesentliche Freiheit. Darin liegt die Berechtigung vom Menschen als *Möglichkeitswesen* zu sprechen. *Das Wesen des Menschen ist die Freiheit.*

Nur weil er im Grunde frei ist, erkennt er und erfährt er sich in den vielfältigen Begrenzungen seines faktischen Daseins. Dieser Freiheit (seinem Wesen) wird er gerecht, wenn er sie wirklich werden lässt, indem er wählt und sich an diese Wahl bindet. Freiheit wird wirksam in der Selbstbeschränkung. Kennzeichen moralischer Wesen ist nach Kant die Fähigkeit einer Selbstgesetzgebung und das schließt die Unterstellung unter die selbst gegebenen Gesetze ein. Nicht ein bloßes Mehr an Möglichkeiten ist dem Menschen aufgegeben, sondern die Verwirklichung des

Guten. Die von Heinz von FOERSTER empfohlene Handlungsmaxime „Handle stets so, dass die Anzahl der Möglichkeiten wächst" (zitiert nach: MÜLLER 2001) bleibt auf ein quantitatives Moment orientiert. Sie bleibt einem Denken verhaftet, das der Besonderheit des Menschen als moralischem Wesen nicht gerecht werden kann.

Der *Kern* des menschlichen Daseins ist *Können* beziehungsweise *Vermögen*, das heißt Möglichkeit. Nur deshalb kann er sich wählen und gewinnen und nur er kann sich verlieren und verfehlen. Die möglichen Modi, an denen sich der Vollzug des Selbstverhältnisses orientiert und in die es sich legen kann, nennt HEIDEGGER „Eigentlichkeit" und „Uneigentlichkeit".

Die Grundweise der Existenz des Daseins bestimmt Heidegger als „Sorge". Damit ist nicht ein ängstliches Bekümmern oder grundhabendes oder grundloses Sorgen um alles und jeden gemeint. Mit „Sorge" ist ein Modus angesprochen, der das *Wie* des Umgehens des Daseins mit sich, mit anderen und der Welt beschreibt. Sorge differenziert und zeigt sich als „Sich-vorweg-sein" (Existenz) im „Schon-sein-in" der Welt (Faktizität) „als Sein-bei (innerweltlich) begegnendem Seienden" (Verfallen) (HEIDEGGER, GA 2, S. 256).

Alle Menschen, man selbst wie die anderen, ebenso die Dinge in der Welt sind zunächst da und begegnen sich stets in der Weise eines umsichtigen Besorgens. Stets kreisen die Lebensgestaltung und die dazu notwendigen Handlungen und Verhaltensweisen um ein *um zu* beziehungsweise *worumwillen*. Nie ist etwas neutral da. Der objektiv-neutrale Blick ist selbst eine spezifische Weise des Besorgens, das heißt des Umgehens mit Welt.

Fürsorge als Weise des Mitseins:

Die „Sorge" des Daseins zeigt sich im Bezug auf das Mitsein mit den anderen als *Fürsorge.* Der menschliche Umgang mit seinesgleichen ist nicht derselbe wie mit Tieren und Dingen. Tiere werden versorgt und Dinge besorgt und nach Gebrauch entsorgt. Mit anderen Menschen gehen wir – im Normalfall – in der Weise der „Fürsorge" um.

Fürsorge kann wiederum in sehr unterschiedlichen Weisen zum Ausdruck kommen. In Hinsicht auf die Frage von Selbstführung und Mitsein lässt sich eine *einspringende* und eine *vorausspringende* Haltung unterscheiden.

In der *einspringenden* Haltung wird dem Mitarbeiter, der mit einem Problem innerhalb seines Aufgabengebietes nicht weiter kommt, Hilfeleistung gegeben. Diese Hilfe ist in der einspringenden Haltung dadurch charakterisiert, dass sie das Problem des anderen löst. Sie ersetzt den anderen, setzt sich an seine Stelle und übernimmt und löst die an ihn gestellte Aufgabe. Geholfen wird, indem der Bedürftige zurücktritt, um danach das Fertige und Erledigte wieder zu übernehmen. Sein Problem wird gelöst, indem er sich dessen entledigt und es als Erledigtes zurückbekommt. Doch dadurch bleibt es ihm außenstehend. Die durch die Problemlösung erzeugte Situation bleibt ihm fremd. Nicht selten sind derartige Ereignisse der Anfang einer „Inneren Kündigung". Im Schein der Sorge um den Mitarbeiter steht nicht der Mitarbeiter im Mittelpunkt der Fürsorge, sondern das, was er den augenblicklichen Anforderungen gemäß zu besorgen hat. Maßstab dieser Fürsorge sind die Anforderungen des Gegenwärtigen.

Ausbildungsinhalte, die sich diesem Maßstab unterstellen, sind auf das unmittelbare Hier und Jetzt und die daraus entspringenden Anforderungen orientiert. Welche Anforderungen sind derzeit gefragt, welche Werkzeuge sind dafür geeignet und welche Verfahren gibt es, die es uns erlauben dem Personal diese mit der gebotenen Effizienz zu implementieren? Ausbildung ist Reaktion und kommt im Grunde stets zu spät. Der handlungsleitende Horizont dieser Fürsorge ist die Gegenwart.

In einer *vorausspringenden* Fürsorge bildet dagegen der Mitarbeiter den Mittelpunkt der Sorge und nicht das von ihm gegenwärtig Besorgte. Die vorausspringende Fürsorge ist *nicht* daraufhin orientiert, das den Mitarbeiter betreffende Problem zu lösen, indem dieser zurückzutreten hat und zeitweise ersetzt wird. Dem gegenüber ist diese Sorgehaltung bestrebt, dem Mitarbeiter sein Problem zurückzugeben. Er soll in die Lage versetzt werden seinem Anforderungsbereich gerecht zu werden.

Die vorausspringende Fürsorge ist primär an der Existenz des anderen orientiert und nicht an dem, was er gerade zu besorgen hat.

Die vorausspringende Fürsorge ist primär an der Existenz des anderen orientiert und nicht an dem, was er gerade zu besorgen hat. Ausbildung und Fortbildung sind vorrangig auf die Ausbildung der Person ausgerichtet, was eine Verbesserung berufsrelevanter Eigenschaften keineswegs ausschließt. Eine zweckfreie Fürsorge vermag den stetig sich ändernden Bedingungen, unter denen die Aufgabe eines Unternehmens zu vollziehen ist, besser gerecht zu werden. Eine Ausbildung, die in die Lage versetzt, schnell auf die Anfordernisse des Geschäftslebens zu reagieren, sollte bestrebt sein, den Blick für das Allgemeine und Prinzipielle zu schärfen. Wo um das Ganze gewusst wird, kann der Einzelfall verändert werden, ohne dass dieser aus dem Ganzen herausfällt oder durch ihn das Ganze gefährdet wird. Der handlungsleitende Horizont einer vorausspringenden Fürsorge ist die Zukunft.

Wer die Zukunft im Blick hat und diese nicht nur bestehen will, sondern den Anspruch hat, Zukunft verantwortlich zu gestalten, der wird auch bei unmittelbar geforderten Kompetenzen differenziertere Gewichtungen vornehmen als diejenigen, die lernen mit der korrekten Ausführung von gerade notwendigen Handgriffen gleichsetzen. Dazu braucht es, und das kann nicht in Abrede gestellt werden, kein Grund- und Tiefenwissen. Aber das unterscheidet dann eben auch den Gesellen vom Handlanger. Diesem muss bei jeder Veränderung erneut sein Handlangerwissen beigebracht werden. Jenem ist zuzutrauen, dass er sich eigenständig auf die neue Situation einzustellen vermag. So gilt es im Grunde das Lernen zu lernen. Und dieses Ziel ist nur erreichbar, wenn im Mittelpunkt der Ausbildung die Her*ausbildung* der Person steht.

2.3 Die Bedeutung von Sprache und Leiblichkeit für das Selbst- und Mitsein

Die Offenheit und Unabgeschlossenheit des Menschen ist der Grund dafür, dass ihm Seiendes begegnen kann. Er kann das ihm begegnende Seiende verstehen, weil er dessen Sein versteht. Dasein ist sich erschlossen. Es weiß, woran es mit sich selbst ist. *Befindlichkeit* und *Verstehen* sind die Grundweisen, in denen das Dasein sein In-der-Welt-sein verstehend erschließt. Verstehen ist nicht auf die kognitiven Vermögen und deren sprachliche Artikulation beschränkt. Doch Gefühle und Stimmungen sind nicht *auch* Weisen, in denen sich uns zeigt, wie es mit uns im Augenblick steht, wie wir „drauf" sind. Gefühle und Stimmungen sind vielmehr *die* Weisen, in denen sich das Dasein am ursprünglichsten zu sich, zur Welt und zu anderen verhält. Gefühle sind keine bloß inneren psychischen Erlebnisse, sondern eine Grundweise zu sein. Das Gefühl, das sich so und so Befinden, ist nicht nur eine Zugangsweise zur Welt, es ist *der* Zugang. „Der Mensch ist nicht ein denkendes Wesen, das auch noch will, wobei dann außerdem zu Denken und Wollen Gefühle hinzukommen, sei es zur Verschönerung oder Verhässlichung, sondern die Zuständlichkeit des Gefühls ist das Ursprüngliche, aber so, dass zu ihm Denken und Wollen mitgehören" (HEIDEGGER, GA 43, S. 60.).

Gefühle sind keine bloß inneren psychischen Erlebnisse, sondern eine Grundweise zu sein.

Das Befinden als Gestimmtsein und bestimmbar sein können ist *verstehender* als es jede definitorisch exakte Artikulation je leisten könnte. Anders formuliert: Es ist nicht möglich, etwas ganz und gar, das heißt wesentlich zu verstehen, wenn man es bloß rational zu durchdringen sucht. Wissen erschöpft sich nicht in effizienter Problemlösungskompetenz (ROHRHIRSCH 2003, S. 60). Mit Wissen im Sinn eines *know how* lässt sich einiges *machen.* Doch wissen *wie* etwas funktioniert ist nicht deckungsgleich mit dem Wissen *warum* (know why) etwas funktioniert (vgl. WERNER 2004, S. 15).

Der darin angesprochene Unterschied kann durch die ursprüngliche Idee der Differenz eines Gesellen zu einem Meister oder in geringer Abwandlung an der eines Doktors von einem Professor verdeutlicht werden. Der Geselle ist einer, der viel weiß. „Mit Eifer hab mich mit Fleiß der Studien beflissen; zwar weiß ich viel, doch will ich alles wissen" (GOETHE, Faust I, Vers 600f.). Einem Meister ist sein Tun zur professio geworden. Professio enthält stets ein öffentliches Bekenntnis. So lehrt im Idealfall ein Professor nicht nur ein Fach, sondern das Fach und sein Inhalt sind zu *seinem* Ruf und zu seiner Berufung geworden. Er hat nicht ein Fach. *Er ist sein Fach.* Kennzeichnend ist die nicht mehr auflösliche Verbindung von Tätigkeit und Person. Die Anforderungen, denen ein Meister aus dem Gestimmtwerden aus den Dingen zu entsprechen sucht, bilden sich zu Haltungen aus. Ausbildung ist Bildung der Person. Aus der Perspektive eines Gesellen oder Gelehrten werden diese Prozesse notwendig als verschwommen, vage und inexakt erfahren. Doch das ist alles andere als verwunderlich, öffnet sich doch hier die Kluft zwischen Kenntnis (Wissen) und Erfahrung („Wenn ihr's nicht fühlt, ihr werdet's nicht erjagen, wenn es nicht aus der Seele dringt und mit urkräftigem Behagen die Herzen aller Hörer zwingt", GOETHE, Faust I, V.534ff.).

In sehr unterschiedlichen ökonomischen Bereichen lässt sich feststellen, dass eine Ausweitung von Dokumentationspflichten die Gefahr von Missverständnissen nicht verringert. Wer etwas von einem anderen will, muss es ihm zwar sagen, aber damit dieser verstehen kann, müssen sie in derselben *Zeit*, im selben *Raum* und in derselben *Sicht* zur Sache stehen. *Ihre Welt sollte dieselbe sein.* In einer Mit-teilung geschieht nichts anderes, als dass Welt miteinander geteilt wird. Die Sprache hat im Mitsein genau diese Aufgabe. Welt selbst ist nie da. Welt konstituiert sich erst in und durch die Sprache.

Was psychologisch an Kenntnissen über Kommunikationsprozesse gewusst und gelehrt wird, ergibt sich aus dem Sein des Menschen als Mitsein. „Sprechen ist voll gesehen: sich *aus*sprechendes *mit* einem Anderen *über* etwas Sprechen. Im Sprechen spielt sich vorwiegend das In-der-Welt-sein des Menschen ab" (HEIDEGGER GA 64, S. 113). Mitteilung ist eben nicht bloßes Weitergeben von Informationen, sondern dient dazu, den anderen und sich selbst in den Bezugsbereich der Sache zu bringen und sich und den anderen darin zu halten. Geschieht dies, dann wird es möglich, dass sich Menschen verstehen, ohne viel und aufwendig zu „kommunizieren". Wo es nicht mehr gelingt die Sache selbst zum Sprechen zu bringen, da wird es notwendig immer exakter und vermeintlich präziser zu formulieren. Mit stets denselben Folgen: Die Zahl der Meetings explodiert, die schriftlichen Vorgaben zur Qualitätssicherung nehmen zu, die Dokumentationspflichten steigen, doch im Grunde ändert sich wenig in qualitativer Hinsicht. Wie sollte auch bedrucktes Papier eine verlorengegangene, *gemeinsame* Sache ersetzen?

Doch wie Sprechen? Ein Schlüssel liegt in der Bedeutung der Leiblichkeit des Menschen. Dass Menschsein in der Konkretheit seiner Existenz stets an ein Leiblichsein gebunden ist, ist mehr als einer Erwähnung wert. Wer den Menschen in Bestandteile trennt, dem zerrinnt der Leib zwischen seinen Fingern. Der Leib wird zum Körper, Hand zu einem Körperteil, und die Finger zu Gliedmaßen, die zu einem Greiforgan gehören.

> „Leiblich sein heißt nicht, dass einer Seele noch ein Klotz, genannt Leib, angehängt sei, sondern im Sichfühlen ist der Leib im vorhinein einbehalten in unser Selbst, und zwar so, daß er in seiner Zuständlichkeit uns selbst durchströmt. Wir ,haben' einen Leib nicht so, wie wir

das Messer in der Tasche tragen, der Leib ist auch nicht ein Körper, der uns nur begleitet und den wir dabei zugleich, ausdrücklich oder nicht, als auch vorhanden feststellen. Wir ,haben' nicht einen Leib, sondern ,sind' leiblich, und zum Wesen dieses Seins gehört das Gefühl als das Sichfühlen. Das Gefühl leistet im vorhinein den einhaltenden Einbezug des Leibes in unser Dasein. Weil aber das Gefühl als Sichfühlen gleich-wesentlich ist: je das Gefühl-haben für das Seiende im Ganzen, deshalb schwingt in jeder Leibzuständlichkeit jeweils wesentlich mit eine Weise, wie wir auf die Dinge um uns und die Menschen mit uns ansprechen oder nicht ansprechen. Eine Magen,verstimmung' kann eine Verdüste-rung über alle Dinge legen, und was sonst als gleichgültig erscheint, ist plötzlich ärgerlich und störend. Was sonst spielend geht, stockt. Der Wille kann sich zwar ins Mittel legen, er kann die Verstimmung nieder-halten, aber er kann nicht unmittelbar die Gegenstimmung erwecken und schaffen, denn Stimmungen werden immer wieder nur durch Stimmungen überwunden und verwandelt. Wesentlich bleibt hier zu beachten: In all dem aber schwingt der Leibzustand, hebt uns mit über uns weg oder läßt uns in uns selbst verfangen und stumpf werden. Wir sind nicht ,lebendig' und haben dann dazu noch eine Apparatur, ge-nannt Leib, sondern wir leben, indem wir leiben. Dieses Leiben ist etwas wesentlich Anderes als nur ein Behaftetsein mit einem soge-nannten Organismus" (HEIDEGGER, GA 43, S. 117f.).

Nicht nur im Führungsprozess wird die Leiblichkeit des Menschen syste-matisch unterschätzt. Zum Lernen gehört die synchrone, leibliche Präsenz eines Lehrers mit seinem Schüler. Lernen ist nicht Informationsvermittlung, sondern Aus-Bildung von Fertigkeiten und Haltungen. Lehre, die sich als Infor-mationsvermittlung bestimmt, braucht keine Lehrer. Dafür genügen technische Medien.

Lernen ist nicht Informationsvermittlung, sondern Aus-Bildung von Fertigkeiten und Haltungen.

2.4 Entrepreneure sind Mitarbeiter am Kunstwerk Welt

Im Entschluss *eigentlich* zu existieren und diese Bestimmung im Umkreis der uns gegebenen Faktizität zu vollziehen, das heißt die je eigene Be-stimmung zu erwirken und wirkend zu vollziehen, – das heißt arbeiten.

Arbeit ist nicht von uns selbst oder von anderen aufgelegte Last, Notwendigkeit des Erwerbs oder Stütze und Anerkennung eines Staatswesens (vgl. FABIO 2006, S. 55)[22] sondern, „die zur Bestimmtheit unseres Wesens gewordene Bestimmung, die Prägung und das Gefüge des Vollzuges unserer Sendung und der Erwirkung unseres Auftrages im jeweiligen geschichtlichen Augenblick" (HEIDEGGER, GA 38, S.128).

Es braucht keinen Zwang zur Arbeit, weil Menschsein nicht bedeutet handeln zu können oder handeln zu wollen. Menschsein *ist*, das heißt seinem Sein nach: handelnd zu existieren. „In der Arbeit und durch sie wird uns das Seiende erst in seinen bestimmten Bezirken offenbar, und als Arbeitender ist der Mensch entrückt in die Offenbarkeit des Seienden und seines Gefüges. Diese Entrückung ist nichts Nachträgliches, dem Ich Aufgepfropftes, sondern diese Entrückung gehört zum Wesen unseres Seins. Die Entrücktheit in die Dinge gehört zu unserer Verfassung" (EBD., S. 154).

Die wirkende Umgestaltung des Seienden, die in eins bedeutet: Erfahrungen machen mit sich selbst und damit zur Selbsterkenntnis beiträgt, lässt eine Stimmung frei, die Freude genannt werden kann. Freude ist anderes als Spaß. Arbeit macht nicht immer Spaß. Arbeit befriedet den Menschen, ohne ihm seine Dynamik zu nehmen. Arbeit, in der uns Sinn offenkundig wird, lässt Zuversicht wachsen, am Gelingen der Welt folgenreich (und das heißt erfolgreich) mitzuarbeiten. Diese Zuversicht verwandelt die *Zumutung Welt* zum Mut sich mit dieser Welt arbeitend auseinanderzusetzen.

Arbeit als Mitarbeit an der Vergegenwärtigung des Zukünftigen ist gewirkt und abhängig von einer Zueignung der Dinge und einer darauf von uns erfolgenden Zuneigung zu den Dingen. Diese drückt sich im Bestreben aus, sie *sein* zu lassen. Die Arbeit besteht darin, sie in ihrer Gutheit, Schönheit und Wahrheit in die Wirklichkeit zu bringen, das heißt in

---

22 Zum Thema Grundsicherung heißt es dort: „Nur wer im Banne eines Vorrangs der materiellen Gleichheit vor der Freiheit steht, wird deshalb ohne Bedenken eine aus Steuermitteln finanzierte Grundsicherung für alle in Höhe mindestens des unteren Einkommensniveaus setzen wollen. Denn damit demotiviert er gerade diejenigen, die vor allem über die geordnete Arbeitsbeziehung in Kontakt zur sozialen Welt treten und in dieser Auseinandersetzung ihre Persönlichkeit entfalten. Der Mensch ist per se weder gut noch schlecht, sondern hat viele und auch widersprüchliche Eigenschaften in sich. Wenn wir nicht arbeiten müssen, tun wir es nicht. Wenn wir aber arbeiten müssen, tun wir es aber womöglich gerne."

die Vollgestalt ihres Seins. Entrepreneure im Sinne von Realträumern haben begriffen, dass es nicht darum geht die *Welt zum Kunstwerk zu machen*, sondern das Kunstwerk Welt zur Offenbarung zu bringen.[23] Insofern ist ihnen ein sokratisches Element eigen und ihre Nähe zur Dichtung keine zufällige.

---

23 Nicht: Aus der Welt ein Kunstwerk machen. Wer das versucht, der nimmt das Denken und die Produkte des Menschen zum Vorbild des Kunstwerkes. Das geschieht, wo geglaubt wird, dass Objekte des Alltags zum Kunstwerk werden, wenn sie im (Auto-)Museum stehen. „Aus einem Objekt des Alltags wird in einem Museum auch ohne besondere Inszenierung ein Kunstwerk. Allein durch seine Präsenz in einem Museum erhält selbst ein trivialer Gegenstand einen expressiven Bedeutungsgehalt, der weit über eine funktionale Nutzung hinausgeht" (DIEZ, S. 45).

3 „Mitsein" als Dialog im Unternimm-mit-anderen

3.1 Dialog im herkömmlichen Verständnis

Dialog wird gewöhnlich als Zwiegespräch oder Wechselrede verstanden und oft synonym mit Diskussion und Debatte verwendet. Dabei handelt es sich hierbei um gravierende Unterschiede, die es in diesem Kontext begrifflich zu klären gilt. Die *Diskussion* (DUDEN 2001, S. 149) als Erörterung, Aussprache und „diskutieren" als erörtern, besprechen ist aus dem lat. „discutere (discussum), ‚zerschlagen, zerteilen, zerlegen' in dessen übertragener Bedeutung ‚eine zu erörternde Sache zerlegen, sie im Einzelnen durchgehen' entlehnt."

Bei der *Debatte* (DUDEN 2001, S.136) geht es auch um eine Erörterung im Sinne von „lebhaft erörtern; wortgemein werden" dessen Grundbedeutung „schlagen" hier auf den Ablauf einer heftigen Diskussion übertragen ist, im Sinne von „(den Gegner) mit Worten schlagen". Ein weiterer Zusammenhang besteht mit Battaillon, der Bezeichnung für eine militärische Einheit.

Diese Bedeutungsunterschiede sind nicht nur sprachlicher Art, sondern für das Mitsein mit anderen wesentlich. Natürlich wird es immer wieder so sein, dass das Mitsein mit anderen auch ein sich mit dem anderen auseinandersetzen ist.

Genauso kann das Gegenüber auch als Gegner empfunden werden. Im militärischen Kontext mag selbst der Gegner den extremen Aspekt des Mitseins, in Form des Gegenseins, darstellen. Für den Bereich des modernen Wirtschaftslebens, das auf Arbeitsteilung sowie Spezialisierung aufbaut und auf synergetische Zusammenarbeit angewiesen ist, kann das Gegensein keine konstruktive Variante des Daseins mit anderen sein. Die im wirtschaftlichen Wettbewerb befindlichen Unternehmen sind streng genommen keine Gegner, wie im Faustkampf, sondern Konkurrenten (vgl. hierzu DUDEN 2001, S. 462 und S. 436)[24], wie in einem Wettlauf. Konkurrieren ist ein in Wettbewerb treten mit anderen! Der

Konkurrieren ist ein in Wettbewerb treten mit anderen!

---

24 Das Stammwort für Konkurrenz ist lat. cursus „Lauf, Gang, Fahrt, Reise, Verlauf, Fortgang, Umlauf, Richtung", lat. con-currere, „zusammenlaufen, zusammentreffen, aufeinander stoßen".

Konkurrent ist Mit-Bewerber. Zugegeben, der Mitbewerber wird nicht selten als Gegenspieler, als Rivale, angesehen beziehungsweise empfunden.

Die dialogische Perspektive hat einerseits ihre geschichtlichen Wurzeln und andererseits auch ihre Zukünftigkeit im Rahmen der weiter fortschreitenden (internationalen) Arbeitsteilung in Wirtschaft, Politik, Wissenschaft und Kultur. Deshalb bietet der Rückblick auf die Wurzeln des Dialogs zugleich einen Vorblick auf eine offene, integrale Zukunft im Mitsein wie auch im *Unternimm-mit-anderen*.

Die wirtschaftliche Arbeitsteilung lässt schon strukturell-funktional gar kein gegeneinander arbeiten zu, sondern nur ein *Miteinander-Füreinander-Leisten* (vgl. WERNER 2004, S. 9), wenn das die individuellen Fähigkeiten wie die individuellen Bedürfnisse übersteigende Gesamtwerk gelingen soll. Darin liegt auch der fundamentale Unterschied zwischen Unternehmensführung und Kriegsführung begründet. Unternehmerisches Handeln ist demnach immer ein Füreinander – für den Kunden, den Nutzer, den Verbraucher wie auch den Mitarbeiter –

Das für andere Leisten ist implizites Mitsein.

durch das Miteinander unternehmen. So bedarf das Schaffen von wirtschaftlichen Werten, wie der Austausch von Waren und Dienstleistungen, immer und unbedingt des *Unternimm-mit-anderen*. Das für andere Leisten ist implizites Mitsein. Die dialogische Perspektive wird für das Unternimm-mit-anderen geradezu zur *basalen* Notwendigkeit. Gerade deshalb ist es hilfreich und wertvoll sich die Vorläufer des Dialogs bewusst zu machen.

3.2 Vorläufer des Dialogs

ELLINOR / GERARD gehen davon aus, dass in den vorschriftlichen Kulturen die dialogische Kommunikation allgemein üblich gewesen sein muss. Kennzeichnend für solche Kulturen sei die Partnerschaftszentrierung gewesen. Sie wurzeln durchaus in einem westeuropäischen Erbe, bevor sie von den eher herrschaftsorientierten Kulturen abgelöst worden seien, die „wahrscheinlich stärker konfrontativ waren und der diskussionsorientierten Form, die heute noch vorherrscht, näher standen" (ELLINOR / GERARD 2000, S. 36f.).

Weitere Wurzeln des Dialogs finden sich bei den indigenen Völkern.[25] David Bohm folgend beschreiben ELLINOR / GERARD spekulierend das Entstehen der dialogischen Gesprächsform in einer Art informellen Unterhaltung, wodurch unsere in kleinen Stammesverbänden zusammenlebenden Vorfahren „durch das gesprochene Wort einen miteinander geteilten Sinn schufen. […]. All das ergab den Samen für das Zusammenleben und -arbeiten in der Gemeinschaft und wirkte wie Leim, der die Stammesmitglieder in einem nahtlosen Ganzen zusammenhielt"[26] (vgl. ELLINOR / GERARD 2000, S. 35 f.).

Damals, in vorschriftlicher Zeit wie auch heute in Zeiten von Individualisierung und funktionaler Arbeitsteilung sowie erforderlicher Gliederung der Gesellschaft in ihre drei Hauptfunktionsbereiche – Kultur, Staat und Wirtschaft – ist der Einzelne auf das Zusammenleben und Zusammenarbeiten mit anderen existenziell angewiesen.

Insofern könnte man meinen, dass sich im Mitmenschlichen nichts wesentlich geändert habe (oder hätte).

Mag in vergangen Zeiten der Glaube an die gemeinsame Abstammung im Rahmen der über Jahrtausende währenden Selbstversorgung als „Leim" für das Gemeinschaftsleben gewirkt haben, so wurden durch die Industrialisierung und die damit verbundene arbeitsteilige Wirtschaftsweise die sozialen Verhältnisse revolutioniert: von der Gemeinschaft zur Gesellschaft, von der vorwiegenden Selbstversorgung hin zur de-facto Fremdversorgung. Doch wo entsteht in der Moderne der miteinander geteilte Sinn?

---

25 *Indigene Völker* ist eine relativ junge Lehnübersetzung wahrscheinlich vom spanischen *Pueblos indigenas* und bezeichnet Gemeinschaften von *Ureinwohnern* einer Region oder eines Landes. Der Ausdruck „Indigene Völker" hat in Lateinamerika als Sammelbezeichnung für alle Nachkommen der vorkolumbianischen Bevölkerung, die auf Kolumbus' Verwechslung mit Indien beruhenden Begriffe Indios/Indianer ersetzt. In internationalen politischen Kontexten ist *Indigene Völker/Indigenous Peoples/Pueblos Indigenas* die übliche Sammelbezeichnung für Ureinwohnervölker aller Kontinente, während im nationalen Rahmen oft andere Sammelbegriffe verwendet werden (zum Beispiel Aborigines, Native Americans, First Nations, Adivasi).

26 Ein Stamm lässt sich zum Beispiel über die gemeinsame Abstammung (Genealogie) beziehungsweise den Gauben daran, Sprache, Religion, Sitten und Gebräuchen definieren; essentielle wie konstruktive Merkmale bilden Stammesbewusstsein wie auch eine Stammeskultur.

Dabei ist es wichtig sich zu verdeutlichen, worauf die Moderne unter anderem gründet und wie ihr weiterer Verlauf sein könnte. Im von STEINER formulierten soziologischen Grundgesetz drückt sich der Entwicklungsgang der Menschheit und des Menschen wie folgt aus: „Die Menschheit strebt im Anfange der Kulturzustände nach Entstehung sozialer Verbände; dem Interesse dieser Verbände wird zunächst das Interesse des Individuums geopfert; die weitere Entwicklung führt zur Befreiung des Individuums von dem Interesse der Verbände und zur freien Entfaltung der Bedürfnisse und Kräfte des Einzelnen."[27]

Individualisierung als Signatur für die Entwicklung des Menschen einerseits und die damit verbundene Möglichkeit zur Spezialisierung in den unterschiedlichen gesellschaftlichen Tätigkeitsfeldern erfordert andererseits das Zusammenwirken der Einzelnen, die dabei mitwirken. Mitsein wie auch Zusammenwirken sind in der Moderne allerdings nicht mehr theokratisch-hierarchisch begründbar, weil das moderne menschliche Dasein immer ein – gleichberechtigtes horizontales – Mitsein mit anderen bedeutet, wie das *Goethe* in seinen Drei Ehrfurchten[28] entwickelt. In unseren so-

---

27 RUDOLF   STEINER   in: http://www.dreigliederung.de/archiv/451.html#07#07
– Stand: 2007_04_11

28 „Aber eins bringt niemand mit auf die Welt, und doch ist es das, worauf alles ankommt, damit der Mensch nach allen Seiten zu ein Mensch sei. Könnt Ihr es selbst finden, so sprecht es aus." Wilhelm bedachte sich eine kurze Zeit und schüttelte sodann den Kopf.
Jene, nach einem anständigen Zaudern, riefen: "Ehrfurcht!" Wilhelm stutzte. "Ehrfurcht!" hieß es wiederholt. "Allen fehlt sie, vielleicht Euch selbst.
Dreierlei Gebärde habt Ihr gesehen, und wir überliefern eine dreifache Ehrfurcht, die, wenn sie zusammenfließt und ein Ganzes bildet, erst ihre höchste Kraft und Wirkung erreicht. Das erste ist Ehrfurcht vor dem, was über uns ist. Jene Gebärde, die Arme kreuzweis über die Brust, einen freudigen Blick gen Himmel, das ist, was wir unmündigen Kindern auflegen und zugleich das Zeugnis von ihnen verlangen, daß ein Gott da droben sei, der sich in Eltern, Lehrern, Vorgesetzten abbildet und offenbart. Das zweite: Ehrfurcht vor dem, was unter uns ist. Die auf den Rücken gefalteten, gleichsam gebundenen Hände, der gesenkte, lächelnde Blick sagen, daß man die Erde wohl und heiter zu betrachten habe; sie gibt Gelegenheit zur Nahrung; sie gewährt unsägliche Freuden; aber unverhältnismäßige Leiden bringt sie. Wenn einer sich körperlich beschädigte, verschuldend oder unschuldig, wenn ihn andere vorsätzlich oder zufällig verletzten, wenn das irdische Willenlose ihm ein

zialen Beziehungen sind wir deshalb mit dem Gleichheitsprinzip vor dem Recht konfrontiert. Genauso – nämlich horizontal – verläuft der Produktionsprozess vom Produktionspol mit Hilfe des Distributionsprozesses zum Konsumpol. Arbeitsteilige Produktion geschieht letztlich immer horizontal, sei es aus Produzenten-, Händler- oder Konsumenten-Perspektive. Daraus ergibt sich die Notwendigkeit wie auch die Chance für eine wirklich dialogische Kultur im Bewusstsein des Mitseins-mit-anderen wie auch *Unternimm-mit-anderen.*

Leid zufügte, das bedenk' er wohl: denn solche Gefahr begleitet ihn sein Leben lang. *Aber aus dieser Stellung befreien wir unsern Zögling baldmöglichst, sogleich wenn wir überzeugt sind, daß die Lehre dieses Grads genugsam auf ihn gewirkt habe; dann aber heißen wir ihn sich ermannen, gegen Kameraden gewendet nach ihnen sich richten. Nun steht er strack und kühn, nicht etwa selbstisch vereinzelt; nur in Verbindung mit seinesgleichen macht er Fronte gegen die Welt(Hervorhebung: LPH).* Weiter müßten wir nichts hinzuzufügen.[…].

Sich zu fürchten ist leicht, aber beschwerlich; Ehrfurcht zu hegen ist schwer, aber bequem. Ungern entschließt sich der Mensch zur Ehrfurcht, oder vielmehr entschließt sich nie dazu; es ist ein höherer Sinn, der seiner Natur gegeben werden muß und der sich nur bei besonders Begünstigten aus sich selbst entwickelt, […].

Die zweite Religion, die sich auf jene Ehrfurcht gründet, die wir vor dem haben, was uns gleich ist, nennen wir die philosophische: denn der Philosoph, der sich in die Mitte stellt, muß alles Höhere zu sich herab, alles Niedere zu sich herauf ziehen, und nur in diesem Mittelzustand verdient er den Namen des Weisen. Indem er nun das Verhältnis zu seinesgleichen und also zur ganzen Menschheit, das Verhältnis zu allen übrigen irdischen Umgebungen, notwendigen und zufälligen, durchschaut, lebt er im kosmischen Sinne allein in der Wahrheit. […].

[…] aus diesen drei Ehrfurchten entspringt die oberste Ehrfurcht, die Ehrfurcht vor sich selbst, und jene entwickeln sich abermals aus dieser, so daß der Mensch zum Höchsten gelangt, was er zu erreichen fähig ist, daß er sich selbst für das Beste halten darf, was Gott und Natur hervorgebracht haben, ja, daß er auf dieser Höhe verweilen kann, ohne durch Dünkel und Selbstheit wieder ins Gemeine gezogen zu werden." http://www.von-goethe.net/werke/werke/wilhelm_meisters_wanderjahre_2.html – Stand: 2007_01_15.

3.3 Der Sokratische Dialog im Kontext von Mitsein und Wirsein

Eine weitere Wurzel des Dialogs für eine künftige dialogische Kommunikation beziehungsweise dialogische Kultur liegt im antiken Griechenland in Form der Sokratischen Dialoge. In diesem Rahmen kann der Sokratische Dialog nur angerissen werden, um seine Bedeutung für das Unternimm-mit-anderen bewusst zu machen. STAVEMANN (vgl. STAVEMANN 2002, S. 20) fasst diese Gesprächsform in folgendem Phasenmodell zusammen:

- Auswahl des Themas oder Betrachtungsgegenstandes
- „Was ist das?" Erster Definitionsversuch
- Konkretisierung der Fragestellung und Herstellung des Alltagsbezugs
- gegebenenfalls weitere Konkretisierung oder Umformulierung des Themas oder Untersuchungsgegenstandes
- Widerlegung (Elenktik)
- Hinführung durch –> Protreptik und –> Mäeutik
- Ergebnis des Dialogs

Nach STAVEMANN formuliert der Gesprächspartner „die ,von ihm selbst' gefundene persönliche Wahrheit, die im Einklang mit seinen individuellen moralischen (Lebens-) Zielen, Normen und Vorstellungen steht."

Aus dieser Wurzel stammend, deuten wir den Dialog in unserem Alltagsbewusstsein mehr als ein Zwiegespräch denn als ein Miteinander-Denken.

Beim *Unternimm-mit-anderen,* bei der üblicherweise in Arbeits- oder Projektgruppen organisierten (über-)betrieblichen Arbeitsteilung stehen in der Regel mehr als nur zwei Menschen im gemeinsamen Ideen-, Gedanken- und Leistungsaustausch. Das moderne Wirtschaften, wie auch die Fragmentierung der Wissensgebiete, erfordert mehr als nur Zwiegespräche, nämlich eine Ausweitung auf mehr Menschen, die miteinander in einen gedanklichen Austausch treten beziehungsweise durch die Arbeitsteilung funktional miteinander in Austausch treten müssen.

Dialogisch gewonnene Erkenntnisse bilden so im *Unternimm-mit-anderen* die gedanklich-geistige Grundlage beziehungsweise das „geistige Band" für ein gemeinsames Zielbewusstsein wie für die so gewonnene

Aufgabentransparenz, die für den gemeinsamen Leistungs- und Lernprozess grundlegend sind.

Welche latenten Sinnstrukturen sind vorhanden und wie kann für ein gelingendes *Unternimm-mit-anderen* ein freier Sinnfluss (BOHM) entstehen, damit die latente Sinnstruktur gemeinsam offen gelegt beziehungsweise einem jeden Einzelnen bewusst werden kann?

In der Begegnung zwischen einem Ich und einem Du liegt das Dialogische Prinzip (Buber) begründet und macht Dasein und Mitsein bewusst. Doch aus der polaren *Ich-Du-Begegnung* entsteht – ganz objektiv – ein dritter Aspekt: der Bereich des *Wir*.

Dasein und Mitsein mit anderen ist deshalb auch immer ein *Wirsein*. Dieses Wirsein ist je nach Lebenssituation anders: Mann und Frau als Paar, Eltern und Kinder als Familie, Angehörige einer Religionsgemeinschaft, Mitglieder eines Vereins, einer Gewerkschaft, Mitarbeiter eines Unternehmens, Mitglieder einer Partei oder Bürger eines Staates.

> *Dasein und Mitsein mit anderen ist deshalb auch immer ein Wirsein.*

Die Herausforderung für den modernen Menschen besteht darin, dass wir praktisch keine soziale Teilung mehr in Form von Kasten oder Ständen haben, trotz aufkeimender Unterschichtdebatte, sondern eine funktionale Gliederung der Gesellschaft in ihre drei Hauptbereiche: Kultur – Staat – Wirtschaft. Jeder einzelne Mensch – als sozialer Funktionsträger (vgl. VOGEL 1963)[29] – ist Homo Culturus, Homo Politicus und Homo Oecnomicus in einer – nämlich seiner – Person und dies nicht isoliert, sondern in sozialorganisch-funktionaler Interdependenz. Produktivität und Empfänglichkeit ist die Polarität für den ökonomischen Wertbildungsprozess – Werteaufbau (Produktion) und Werteabbau (Konsumtion). Die Zirkulation aber ist das Entscheidende! Der Wert bildenden Bewegung von der Produktion zur Konsumtion (in Form der Supply Chain) läuft die Wert bildende Spannung der Konsumseite zum Produktionspol entgegen. Aus der Polarität Ich – Du, Produktivität – Empfänglichkeit, Produktion – Konsumtion entsteht ein Drittes: in unserem Zusammenhang das Wirsein im Mitsein.

---

29 „Da es stets ein und derselbe unteilbare Mensch ist, der – freilich nach individuellen Schwerpunkten sehr unterschiedlich – an allen drei sozialen Lebensbereichen [Kultur – Staat – Wirtschaft. Hinzufügung: LPH] Anteil hat, können die Ordnungen, die ‚Spielregeln‘, nach denen sich die wirtschaftlichen und kulturellen Unternehmungen und die rechtlich-politischen Beziehungen der Bürger eines Gemeinwesens vollziehen, nicht prinzipiell verschieden sein."

Zur Ich-Du-Relation kommt die Ich-Wir-Relation hinzu. Zum Wir gehören konstitutiv mindestens zwei Menschen bis hin zum Wir als Menschheit.

Wo stimmen wir überein und wo nicht? In Bezug auf Personen oder Dinge, ist es eine Frage der Identität – Identität als Wesensgleichheit wie Unverwechselbarkeit, die als Selbst erlebte innere Einheit der Person, der eigenen Existenz.

Ex-sistere ist in unserem gedanklichen Zusammenhang als ein Heraus-, Hervortreten, zum Vorschein kommen aus dem Impliziten als ein *Da*-Sein, als ein von der impliziten Ordnung (Bohm) gesondertes, ja fragmentiert erlebtes Dasein aufzufassen. Dieses Fragmentarische setzt sich aber in unserem Selbsterleben wie auch in unserem Denken weiter fort – und stellt für die Anforderungen der funktionalen Gliederung von modernen Gesellschaften wie auch einzelner Unternehmen beziehungsweise Institutionen ein riesiges Gestaltungsproblem dar. So ist die Zergliederung von Wissenschaft und Religion wie auch die moderne Arbeitsteilung nichts anderes als Fragmentierung. Schnell werden eine Fachwissenschaft oder eine Fachabteilung isoliert betrachtet, statt als Zweig beziehungsweise Organ eines lebendigen sozialen Ganzen erkannt und erlebt.

So heißt es schon im Faust: „Dann hat er die Teile in der Hand, fehlt leider! Nur das geistige Band" (GOETHE, Faust, V. 1938f.).

3.4 Dialog im Sinne David Bohms

Die Fragmentierung des Denkens ist für BOHM ein grundsätzliches Problem im menschlichen Miteinander. NICHOL drückt das im Vorwort von Bohms Werk „Der Dialog" wie folgt aus: „Um die Bedeutung der Fragmentierung zu illustrieren, benutzte Bohm häufig das Beispiel einer Uhr, die zu einem Haufen willkürlicher Einzelteile zertrümmert wird. Diese Fragmente sind etwas ganz anderes als die Teile, aus denen die Uhr sich ursprünglich zusammensetzte. Die Teile stehen in einer integralen Beziehung zueinander, was zu einem funktionsfähigen Ganzen führt. Gleichermaßen neigen die generischen Denkprozesse des Menschen dazu, die Welt auf fragmentarische Art und Weise wahrzunehmen, ,etwas auseinander zu reißen, was nicht wirklich voneinander getrennt ist'. Eine solche Wahrnehmung, sagt Bohm, führt notwendigerweise zu einer Welt von Nationen, Wirtschaftssystemen, Religionen, Wertesystemen und 'Ichs', die grundlegend uneins sind, trotz örtlich erfolgreicher Versuche, eine gesellschaftliche Ordnung überzustülpen. Eines der Hauptanliegen von Bohms Dialog ist es daher, Licht auf das Wirken dieser Fragmentierung zu werfen, und zwar nicht nur in Form einer theoretischen Analyse, sondern über einen konkreten Erfahrungsprozess" (vgl. NICHOL in: BOHM 2002, S. 9).

Das Unternimm-mit-anderen ist demnach ein Versuch, ganz gleich ob im Wirtschafts- oder Kulturleben, die Fragmentierung zu überwinden. Modernes Arbeiten ist arbeitsteiliges Zusammenwirken – und im Idealfall die „aufs Neue zusammengebaute Uhr". *Unternimm-mit-anderen* ist deshalb ohne ein Miteinander-Denken nicht möglich. Aus diesem Grunde ist es wertvoll Bohms Dialog noch etwas genauer zu betrachten.

Unternimm-mit-anderen ist ohne ein Miteinander-Denken nicht möglich.

Die Schlüsselkomponenten des Bohmschen Dialogs sind:
- die Allgegenwart der Fragmentierung
- die Funktion der Aufmerksamkeit
- der mikrokulturelle Kontext
- ungeleitete Prüfung
- miteinander geteilte Bedeutung
- das Wesen kollektiven Denkens
- unpersönliche Gemeinschaft
- das Paradox des Beobachters und des Beobachteten

Damit hat Bohm ein anderes Verständnis des Dialogs als dies in der bisherigen Ideengeschichte üblich war und ist. Trotzdem ist der Dialog nicht endlos theoretisierbar, sondern vielmehr (NICHOL in: BOHM 2002, S. 14) „ein Prozess direkter Begegnung von Angesicht zu Angesicht". BOHM definiert den Dialog wie folgt: „Die Bedeutung, die ich dem Wort ‚Dialog' gebe, unterscheidet sich leicht von der allgemein üblichen Definition. Die etymologische Ableitung eines Wortes hilft uns oft, eine tiefere Bedeutung zu erschließen. ‚Dialog' kommt von dem griechischen Wort *dialogos*. *Logos* heißt ‚das Wort' oder auch ‚Wortbedeutung, Wortsinn'. Und *dia* heißt ‚durch' und nicht ‚zwei'. Ein Dialog kann von einer beliebigen Anzahl von Leuten geführt werden, nicht nur von zweien. Sogar ein einzelner kann einen gewissen inneren Dialog mit sich selbst pflegen. Wesentlich ist, dass der Geist des Dialogs vorhanden ist. Die Vorstellung oder das Bild, das diese Ableitung nahelegt, ist das eines freien Sinnflusses, der unter uns, durch uns hindurch und zwischen uns fließt. Das macht einen Sinnstrom innerhalb der ganzen Gruppe möglich, aus dem vielleicht ein neues Verständnis entspringen kann. *Diese Einsicht ist etwas Neues, das zu Beginn möglicherweise gar nicht vorhanden war. Sie ist etwas Kreatives. Und dieser untereinander geteilte Sinn ist der ‚Leim' oder ‚Zement', der Menschen und Gesellschaften zusammenhält"* (BOHM 2002, S. 32f.; Hervorhebung: LPH).

3.5 Dialog als Miteinander-denken

Für den weiteren Gedankengang im Hinblick auf das *Unternimm-mit-anderen* ist es wichtig Bohms Überlegungen zu Dialog und Denken kursorisch darzustellen (vgl. BOHM 2002, S. 37 – 47). Denken ist ein Vorgang, auf den wir in der in der Regel kaum Aufmerksamkeit verwenden, da es praktisch unmöglich ist sich beim Denkprozess selber zu beobachten. Wenn wir denken, dann legen wir unser Augenmerk mehr auf den Inhalt der Gedanken als auf den Denkvorgang an sich. „Das Denken ist sehr aktiv, aber der Denkprozess denkt, dass er gar nichts tut, sondern einem nur mitteilt, wie die Dinge eben sind. […]. Der entscheidende Punkt ist: Das Denken bewirkt etwas, sagt aber, ich war's nicht. […]. Aber wie ich zu erklären versuche, ist ja eben das Denken das Problem."

Natürlich ist jeder Mensch in der Lage individuell zu denken, aber das Denken ist nicht nur ein individueller Vorgang, sondern auch ein kollektiver – und zwar weil Sprache kollektiv ist. Deshalb sei die Aufmerksamkeit sowohl dem individuellen als auch dem kollektiven Denken zu widmen. Damit spricht Bohm etwas an, was in der Psychologie C.G. JUNGs ein Hauptfaktor ist: das kollektive Unbewusste.[30]

Für BOHM „ist das individuelle Denken zum größten Teil das Ergeb-

---

30 „Das kollektive Unbewusste ist ein Teil der Psyche, der von einem persönlichen Unbewussten dadurch negativ unterschieden werden kann, dass er seine Existenz nicht persönlicher Erfahrung verdankt und daher keine persönliche Erwerbung ist.

nis kollektiven Denkens und der Interaktionen mit anderen Menschen. Die Sprache ist rein kollektiv, und die meisten unserer Gedanken sind es ebenfalls. Jeder einzelne trägt seinen Teil zu diesen Gedanken bei – er leistet einen Beitrag."

Unser normales Denken in der Gesellschaft ist für BOHM inkohärent. Was aber wäre, wenn die Menschen miteinander auf kohärente Weise dächten? Nach seinem Verständnis von Dialog wäre eine „ […] kohärente Gedankenbewegung, eine kohärente Kommunikationsbewegung, möglich."

In diesem Zusammenhang unterscheidet BOHM nicht nur zwischen der Kohärenz auf der bewussten Gedankenebene, „[…] sondern auch auf der stillschweigenden Ebene, für die wir nur ein vages Gefühl haben." Für BOHM läuft der konkrete Denkprozess in hohem Maße stillschweigend ab. „‚Stillschweigend' bedeutet das, was unausgesprochen bleibt, was nicht beschrieben werden kann – wie das Wissen, das zum Fahrradfahren erforderlich ist."

Was wir explizit an Gedanken ausdrücken können ist nur ein sehr kleiner Teil des impliziten Ganzen. Für BOHM ist es der tiefere, stillschweigende wie objektive Sinn, der im Dialog miteinander geteilt wird.

Aufgrund des Mitseins ist es wichtig, ein gemeinsames Bewusstsein zu entwickeln und die Fähigkeit zu erwerben, „gemeinsam zu denken, damit wir auf intelligente Weise tun können, was auch immer getan werden muss."

Während das persönliche Unbewusste wesentlich aus Inhalten besteht, die zu einer Zeit bewusst waren, aus dem Bewusstsein jedoch entschwunden sind, indem sie entweder vergessen oder verdrängt wurden, waren die Inhalte des kollektiven Unbewussten nie im persönlichen Bewusstsein und wurden somit nie individuell erworben, sondern verdanken ihr Dasein ausschließlich der Vererbung." […]. „Das kollektive Unbewusste entwickelt sich somit nicht individuell, sondern wird vererbt. Es besteht aus präexistenten Formen, Archetypen, die erst sekundär bewusst werden können und den Inhalten des Bewusstseins fest umrissene Form verleihen" (aus: C.G.JUNG „Archetypen", zitiert nach: http://www.oana.de/cgjung2.htm – Stand:2007_01_22).

Diese (Vor-)Überlegungen sind wesentlich für das *Unternimm- mit- anderen*. Aus einem durch das Miteinander-Denken erweiterten Bewusstsein auf die stillschweigenden Bereiche mitmenschlicher Existenz werden andere Seelenbereiche beziehungsweise -schichten offenbar – nämlich die Bereiche des Fühlens und Empfindens wie auch die Bereiche des Wollens und Handelns.

4 Dialog im Miteinander-Füreinander-Leisten

4.1 Dialog und Arbeitsteilung

Nach VOGEL kann man erst aufgrund der Arbeitsteilung von Wirtschaften – im modernen Sinne – sprechen. Durch die Erfahrung, dass der Mensch durch die Konzentration (im Bohmschen Sinne könnte man von Fragmentierung sprechen – LPH) auf bestimmte Tätigkeiten seine Produktivität verbessert, indem er mit weniger Ressourcen und Zeitaufwand das gleiche Erzeugnis billiger herstellen kann und sich damit Spezialfähigkeiten erwirbt, kann jeder praktisch nur Güter für die anderen erzeugen und vermehrt damit durch seine spezialisierte Arbeit zugleich den Wohlstand aller (VOGEL 1990, S. 54–59). Das moderne Arbeitsleben, bedingt durch die Maschinenarbeit, unterscheidet sich kategorial von der vorindustriellen Arbeits- und Wirtschaftsweise, wie bereits weiter oben erwähnt. Arbeitsteilung bedeutet einerseits Fragmentierung. Die weltweite Arbeitsteilung ist für mache Produktfelder schon Legion. Pflanzen, wie Kaffee, Zuckerrohr, Baumwolle oder die Kartoffel, waren der Ausgangspunkt der weltweiten Arbeitsteilung und des damit verbundenen weltweiten Handels in der Neuzeit. Durch die Industrialisierung sind Maschinen, Autos, Computer, Handys, Informatik und Internet und vieles mehr hinzugekommen beziehungsweise haben die globale Arbeitsteilung noch intensiviert.

Der größte Teil der Kulturgeschichte der Menschheit ist von handwerklicher Arbeits- und Produktionsweise dominiert. Der Mensch wirtschaftete in kleinen Gemeinschaften hauptsächlich zum Zweck der Eigenversorgung. Dabei arbeitete er unmittelbar an der Natur als Sammler, Jäger und Ackerbauer zur Befriedigung seiner Bedürfnisse beziehungsweise die seiner Sippe, seines Stammes – seiner „Blutsbrüder". Auf dieser Entwicklungsstufe des „Wirtschaftslebens" herrschte der Naturaltausch vor. Das vorhandene Geld war materielles Geld in Form von Gold- und Silbermünzen und konnte dadurch selbst für andere Zwecke als die des Tausches – für Schmuck oder Opfergaben – verwendet werden. Der integrale Tauschakt in der Naturalwirtschaft Ware gegen Ware wurde mit der Geldwirtschaft durch Geld gegen Ware und Ware gegen Geld fragmentiert.

Das Geld ermöglicht und rationalisiert die Arbeitsteilung. „Im Geld haben wir alle nur erdenkbaren Waren verborgen vor uns. […]. Die Arbeitsteilung kam aus dem Grunde zustande, dass der Mensch die arbeitssparende Wirkung des Geistes auf die Arbeit erkannte. […]. Die Arbeitsteilung ermöglicht es dem Menschen, die Erde erst zu einer wirklichen Heimstätte zu gestalten" (VOGEL 2002, S. 58f.). Das *In-die-Welt-Geworfen-sein* wird so potenziell zum freien Gestaltungsraum in der Zeit. Die moderne Wirtschaftsweise könnte man auch als „spagyrische Ökonomie" – durch trennen beziehungsweise teilen und verbinden beziehungsweise zusammenfügen – bezeichnen.[31] So gibt der Schweizer Nationalökonom BINSWANGER (BINSWANGER 2005) Goethes Faust eine ganz neue – nämlich ökonomische – Deutung. Er erklärt die Wirtschaft als einen alchemistischen Prozess; wodurch ein *Unternimm-mit-anderen* möglich wird.

Das Aufteilen der Arbeit in verschiedene Prozessschritte lässt sich ganz allgemein mit Fragmentierung umschreiben, in der es keine zentral gesteuerte Wirtschaftsplanung mehr gibt, ja aufgrund der Spezialisierung gar nicht mehr geben kann. Die Wirtschaftstätigkeit zerfällt in unzählige Fragmente, ähnlich wie die mineralisch existierende Welt zerfallen ist. Jede Branche, ja beinahe jedes Unternehmen hat einen eigenen „Dialekt".

Ein herausragendes Beispiel für „unternehmensinternes deutsch-englisches Informatik-Kauderwelsch" ist die Softwarefirma SAP – für Außenstehende praktisch so gut wie nicht verständlich. Und doch erfordert gerade das arbeitsteilungsbedingte Teilen und Zusammenfügen zu einem Gesamtwerk (Rohstoff – Werkstoff – Werk) die dialogische Perspektive und das Miteinander-Denken über Abteilungs-, Unternehmens-, Landes- und Kulturgrenzen hinweg.

4.2 Dialog und Zusammenarbeit

Wo Trennendes ist, muss andererseits auch Vereinendes, Zusammenführendes sein. Und dies Zusammenführende kann nur ein Geistiges sein – ein „geistiges Band", ein miteinander geteilter Sinn. Dieses *Zusammen-WIRken* wird durch den Unternehmergeist als Konfigurationskraft impul-

---

31 Spagyrik von griechisch spao – „trennen" und ageiro = „vereinen, zusammenführen".

siert, gleichsam ein „Pfingsterlebnis" für einen jeden in der Arbeitsteilung mit- und zusammenwirkenden Menschen. Für BOHM ist das kollektive Denken mächtiger als das individuelle Denken und die Kraft einer Gruppe ungleich höher als es der Anzahl der Teilnehmer entspricht. Durch synergetisches Zusammenwirken kann der Einzelne nicht nur über sich hinauswachsen, sondern auch die Fragmentierung überwinden und aus dem Zustand der existenziellen Geworfenheit in einen Zustand von *Koinonia* (s.u.) gelangen.

4.3 Dialog und Führung – ein Widerspruch im Unternimm-mit-anderen?

Führung wird durch das im geltenden Arbeitsrecht begründete Weisungsrecht des Arbeitgebers weiterhin direktoral – in Form einer festen sozialen Rolle – positional aufgefasst: Der Vorgesetze ist berechtigt dem arbeitsrechtlich nicht selbständigen Mitarbeiter Weisungen zu erteilen. Im *stillschweigenden Sinn* (BOHM) ist der Vorgesetzte aber *Übergeordneter* und der Mitarbeiter ein weiter an Weisungen gebundener *Untergebener*. Man möge sich hierbei auch nichts vormachen; große Organisationen (Konzerne, Kirchen, Parteien, die staatliche Administration und selbst Universitäten) sind auch heute noch in ihrer Mehrzahl hierarchisch strukturiert mit dem Hang zur Subordination. Dies zeigt sich auch im allgemeinen Sprachgebrauch: „Herr X hat in seiner Abteilung so und so viel Leute unter sich" oder wie es Arno Luik im Stern-Interview (WERNER 2006b, S. 44) mit dem Unternehmer Götz W. Werner formulierte: „Sie sind Herr über 23.000 Menschen …". Werners Antwort: „Ich bin nicht ‚Herr über'."

In diesem Zusammenhang ist es wichtig sich Ursprung und Bedeutung des Wortes Hierarchie zu vergegenwärtigen. In der heutigen Deutung ist darunter Rangordnung zu verstehen.[32] Der Mensch lebt aber mit seinen Mitmenschen in sozialen Relationen, in einer sozialen Ordnung.

---

[32] Das Wort wurde im 17. Jh. aus kirchenlateinisch hierarchia „heilige Rangordnung" entlehnt, das auf griechisch hierarchia „Priesteramt" (zu griechisch hieros „heilig; gottgeweiht" und griechisch árchein „herrschen") zurückgeht. Das griechische Verb árchein bedeutet „der Erste sein; anfangen, beginnen; regieren, herrschen" (dazu arché „Anfang, Ursprung, Herrschaft, Macht; Regierung"); nach: DUDEN 2001.

Das ist letztlich ein soziologisches Faktum; Subordination ist nur eine denkbare Möglichkeit.

Deshalb ist es in diesem Kontext hilfreich, uns mit Vogel (VOGEL 1963, S.25)[33] noch einmal die früheren Herrschaftsformen kurz zu vergegenwärtigen, wie sie im Verlauf der Geschichte aufeinander gefolgt sind:

- Theokratie (Gottkönigtum – absolute Monarchie – Tyrannis – Diktatur – totalitärer Staat) und ihre drei Klassen: Priester- Könige – Krieger – Sklaven
- Aristokratie (Standesherrschaft – Ständestaat – Standesprivilegien) und ihre drei Klassen: Priester/Philosophen – Aristokraten – Sklaven/Leibeigene
- Demokratie (Volksherrschaft – Mehrheitsdemokratie – Parlamentarismus) und ihre drei Klassen: Bürger – Adel – Proletarier.

Unser kulturelles Erbe im Sinne des kollektiven Unbewussten führt zu einer stillschweigenden Ebene im sozialen Miteinander, welche die Ausgangsbasis für die Fragmentierung der Menschen in Klassen bildet.

In der Gegenwart werden diese Klassifizierung (durch Vorrechte auf den Grundbesitz und auf den Kapitalbesitz), Privilegien sowie das Berechtigungswesen in Schule und Hochschule als menschenunwürdig empfunden – individuell wie kollektiv. Diese pyramidale Schichtung zeigt sich noch heute im so genannten dreigliedrigen Schulwesen mit Hauptschule/Sonderschule – Realschule (Mittelschule) – Gymnasium (höhere Schule) – und ist in Zeiten der funktionalen Arbeitsteilung antiquiert. Für die Beschäftigung in der staatlichen Bürokratie im einfachen, mittleren, gehobenen und höheren Dienst sind diese Abschlüsse allerdings Eingangsvoraussetzung. Die institutionellen Gegebenheiten sind ein Bestandteil der stillschweigenden Ebene.

Der Mensch als erkennendes, fühlendes und wollendes Wesen (Geist – Seele – Leib) ist letztlich das Urbild für die Gestaltung des

Der Mensch ist das Urbild für die Gestaltung des sozialen Miteinander.

sozialen Miteinander. Was sich bislang durch blutsmäßige Vererbung in den drei sozialen Ständen – mit ihrer Subordination – einseitig entwickelt hat, will nun in der sich entfaltenden freien Persönlichkeit in dreifaltiger Harmonie zusammenwirken (vgl. VOGEL 1990, S.333f.). Der einzelne Mensch kann so die Geworfenheit beziehungsweise das Gesondertsein im Dasein durch ein dialogisch gewonnenes Bewusstsein im Mitsein überwinden.

Wenn sich Herrschaft und Führung immer weniger von „Oben nach Unten" legitimieren lassen, woher kommt dann die Kompetenz in Form von *Befugnis* wie auch *Befähigung* für das Übernehmen einer Führungsfunktion in Organisationen und insbesondere in Unternehmen?

Folgende These sei aufgestellt: Wenn „Pyramiden-Organisationen" mit institutionell fest gegliedertem „Oben" und „Unten" ganz praktisch nicht mehr zeitgemäß sind, wird nur derjenige führen können, der so viel Bewusstsein für soziale Prozesse ausgebildet hat, dass er der Initiative Anderer Ziele aufzeigen kann und differierende Initiativen auf gemeinsame Ziele hin zu koordinieren und zu harmonisieren vermag. Diese Kompetenz – in Form der Befähigung – lässt sich aber kaum mehr an einer organisationalen Leitungsebene – in Form der Befugnis – festmachen, sondern ist abhängig von der jeweiligen Situation. Damit ist nicht das Führungskonzept der „Situativen Führung" gemeint, das an der Relation Vorgesetzter – Mitarbeiter weiterhin festhält, sondern eher eine „wandernde Führerschaft" durch den in der jeweiligen Situation Fähigsten!

Moderne Führung bedeutet nicht mehr länger *positionale Direktion* in Form von *Anweisung und Kontrolle*, sondern *Evokation* in Form von *Dialog und Selbstorganisation* in einem durch *Subsidiarität* ausgestalteten organisationalen Rahmen. In einem so verstandenen Miteinander-Füreinander-Leisten geht es nicht mehr um Macht und Herrschaft über andere, sondern um Herrschaft über sich in Form von Selbstbeherrschung und Selbstführung.

Selbstbeherrschung und Selbstführung setzen Selbst- und Welterkenntnis voraus. Welterkenntnis lässt sich im Miteinander-Denken erwerben. Für das *Unternimm-mit-anderen* kommt also der Arbeitsauftrag nicht mehr extrinsisch-positional, sondern intrinsisch-prozessual zustande. *Im Idealfall beauftragt sich ein jeder selbst durch den im dialogischen Prozess gemeinsam gefundenen Sinn und Zweck mit dem Ziel eines synergetischen Zusammenwirkens – nämlich selbständig, intelligent im Sinne des unternehmerischen Ganzen zu denken, zu fühlen und zu handeln.*

Die moderne Arbeitsteilung ist *horizontales* Prozessgeschehen (s.o.), durch sich stets wandelnde Kunden-Lieferanten-Beziehungen. Die Umorientierung – als Haltung[34] – von der *Direktion* zur *Evokation* ermöglicht *Koordination* statt *Subordination*. Durch die Koordination der im organisationalen Kontext miteinander Unternehmenden wird der Einzelne – im Wortsinn – Gesellschafter, im sich Gesellen (vgl. Duden 2001)[35].

Die Geworfenheit der menschlichen Existenz muss also in organisationalen Kontexten nicht in Untergebenheit oder gar Unterworfensein münden, sondern ermöglicht das *Ent-Wickeln* neuer *Ent-Würfe* für die sich aus der Zukunft ergebenden Aufgaben und Ziele. Aus dem im dialogischen Prozess erklärten *Warum* ergibt sich ein *Wozu, Wohin* in Form von Unternehmenszweck und Unternehmensziel sowie ein *Wofür*, dem Sinn des ganzen Unternehmens.

Die *Ent-Bindung* durch die physisch-leibliche Geburt mag durchaus mit Geworfenheit ins Da-Sein zu umschreiben sein, gleichzeitig ist sie aber nach PORTMANN auch *Ein-Bindung* in den „sozialen Uterus" (vgl. PORTMANN 1960, zitiert nach: VOGEL 1990)[36] – sei es die Familie, eine Arbeitsgemeinschaft oder Handelsgesellschaft. Geworfenheit ist damit nicht mehr existenziell erlebte Fragmentierung, sondern als gemeinsamer Entwurf der Zukunft Option für ihre Transzendenz: Im Miteinander-Denken kann der Einzelne sein Bewusstsein, seinen gedanklichen Horizont erweitern, ohne dabei seine Existenz aufgeben zu müssen. Was für das Denken durch das Miteinander-Denken gilt, gilt auch für das Handeln im *Unternimm-mit-anderen:* Der Einzelne kann über sich hinauswachsen.

Unternimm-mit-anderen ist deshalb mehr als nur Teamarbeit im Sinne einer Managementtechnik, es ist das Zusammenwirken in einer Arbeits-

---

34 Orientierung als geistige Einstellung beziehungsweise Ausrichtung – wie auch Kenntnis von Gelände und Weg.

35 Geselle bedeutet „der mit jemandem denselben Saal (früher Wohnraum) teilt.[…]. Während ‚Geselle' in den älteren Sprachzuständen die umfassenden Bedeutungen ‚Gefährte; Freund; Geliebter; junger Bursche; Standesgenosse hatte, bezieht es sich heute hauptsächlich auf das Handwerkswesen und bezeichnet den ausgelernten Lehrling." So ist nach DUDEN die Gesellschaft die „Vereinigung mehrerer Gefährten; freundschaftliches Beisammensein; Freundschaft; Liebe; Gesamtheit der Gäste; Handelsgenossenschaft"; seit dem 15. Jh. wird das Wort auch auf die soziale Ordnung der Menschheit bezogen.

gemeinschaft (WERNER 2006a, S. 13), in der ein miteinander geteilter Sinn bewusst erlebbar ist. Ein so auf-
gefasstes *Unternimm-mit-anderen ist gemeinsames in
Freiheit tätig sein.* Aus der „Gleichheit der bislang als Un-
tergebenen angesehenen Mitarbeiter" kann dadurch
eine Gemeinschaft „freier, unternehmerischer Geister"
werden.

*Unternimm-mit-anderen ist mehr
als nur Teamarbeit. Es ist ein
gemeinsames in Freiheit tätig
sein.*

Aus dem individuellen *Ich* und mit vielen – ebenfalls individuellen – *DUs*
entsteht durch das Miteinander-Denken im dialogischen Prozess ein *Wir,*
das über ein bloßes Wir – Gefühl konventioneller Teams hinausgeht, es
entsteht im Idealfall Koinonia[37] – ein miteinander geteilter Sinn; der Geist
eines Unternehmens, der Korpsgeist[38] (vgl. DUDEN), der neudeutsch mit
Corporate Spirit mehr vernebelt denn bewusst wird.

MARÉ (vgl. MARÉ / PIPER / THOMPSON 1991) beschreibt dies wie
folgt: „Dialogue establishes what the Greeks knew as ‚Koinonia', or the
state of impersonal fellowship." Nach MARÉ wurde unter *Koinonia* im
antiken, demokratischen Griechenland – in der Zeit von 495–322 v. Chr,
also lange bevor es von dem Apostel Paulus eine religiöse Deutung erfahren hat –, folgendes verstanden: „It refers to the atmosphere of impersonal fellowship rather than personal friendship, of spiritual-cum-human
participation in which people can speak, hear, see, and think freely, a form
of togetherness and amity that brings a pooling of resources."

---

36 „Die Hilflosigkeit und Abhängigkeit des ersten Jahres ist in vieler Hinsicht ‚embryo-
    nales' Leben, das beim Menschen – und nur bei ihm – aus der Monotonie des ute-
    rinen Daseins in die reiche Sozialwelt verlegt ist. Im frühen Sozialkontakt reifen bei
    uns Strukturen heran, durch die menschliche Weltbeziehung sich formt: Aufrichten,
    Sprechen, Denken – diese Dreiheit entsteht im ‚sozialen Uterus' des Gruppenle-
    bens." EBD., S. 429.

37 *Koinonos* bezeichnet einen Geschäftsteilhaber, Gesellschafter. Auch wird *koinonia*
    zur Bezeichnung von enger Lebensgemeinschaft genutzt.

38 Das Fremdwörterbuch versteht darunter Gemeinschaftsbewusstsein, Standesbe-
    wusstsein und Standeshochmut gleichermaßen.

4.4 Dialog als Managementtechnik?

Nun könnte man meinen, dass sich aus dem bisher Gesagten eine neue Führungstechnik ableiten ließe. PETERSEN führt für Verständigungsorientierung im Management den Begriff *Dialogisches Management* ein und grenzt sich damit von Autoren wie STEINMANN / SCHREYÖGG ab. Er will damit verdeutlichen, dass grundsätzlich alle Managementfunktionen „[…] seien sie primär ökologisch oder primär politisch-ethisch motiviert, dialogisch besser wahrgenommen werden können" (PETERSEN 2003, S. 65).

Sicherlich handelt es sich beim Sokratischen Dialog wie auch beim Dialog nach Bohm auch um eine Methode.

Durch die dialogische Perspektive kann aber ein anderes Verständnis von Unternehmen und dem *Unternimm-mit-anderen* ermöglicht werden: Ein Unternehmen ist nicht länger ein sozialer Mechanismus, der allein nach Zwecken geplant werden kann, sondern ein sozialer Organismus, der ein Denken in Prozessen erfordert: Funktion, Gliederung und Interdependenz sind dafür wesentliche Merkmale.

ELLINOR / GERARD (vgl. ELLINOR / GERARD 2000, S. 48–58) beschreiben die dialogische Perspektive für Unternehmen so:

- Fragmentierung wird integriert in eine holistische Sichtweise
- eine richtige Antwort wird erweitert zu vielen richtigen Antworten
- der Fokus auf Leitungsstrukturen und Aufgaben wird erweitert auf Beziehungen und Prozesse
- Direktionsmacht und Kontrolle werden erweitert zu geteilter Führungsverantwortung
- autoritäre Entscheidungen werden verwandelt zu Konsens und miteinander geteiltem Sinn
- Konkurrenz im herkömmlichen Verständnis wird zu Zusammenarbeit und (Arbeits-)Gemeinschaft
- Individuelle Meisterschaft wird erweitert durch kollektive Meisterschaft und Synergie aus der Unterschiedlichkeit
- Lineares Denken wird erweitert um Systemdenken – ein Denken in Zusammenhängen und Interdependenz

Aus diesen divergierenden Sichtweisen über den Dialog im Unternehmen wird deutlich, dass Dialog mehr ist als nur eine Methode oder Managementtechnik im Sinne Petersens.

Für DIETZ / KRACHT bedeutet Dialogische Führung „[…]nicht nur, dass man miteinander im Gespräch bleibt, sondern sie ist zugleich eine Denkweise, die den anderen ernst nimmt. In ihrem Zentrum steht die Absicht, die anderen Menschen wirklich zu verstehen und sich ihnen verständlich mitzuteilen" (DIETZ / KRACHT 2002, S. 196f.).

5 Führung neu denken

5.1 Management versus Führung

Leiten und Führen werden heute oft synonym verwendet. Doch damit werden zwei Qualitäten miteinander vermischt, die es in ihrer Polarität weiterhin im Bewusstsein zu halten gilt. Das *Leiten* und *Führen* eines Unternehmens lässt sich mit der Polarität *Was* (Aufgaben- beziehungsweise Sachbezug) und *Wer* (Personenbezug) in ihrer Typik skizzieren. Dabei deckt das Leiten oder Managen den sachlich-technisch-betriebswirtschaftlichen Pol und das Führen den menschlichen Pol ab: Das Leiten orientiert sich an Geschäftszielen, das Führen an Werten und Reaktionen der Menschen im Unternehmen. Im Managementprozess ist das Verhältnis funktional vorherrschend, im Führungsprozess steht die Beziehung zwischen den im und für das Unternehmen handelnden Menschen im Vordergrund.

Managen	*Führen*
– Funktion	– Beziehungsverhältnis
– Planen	– Talente entdecken
– Budgetieren	– Evozieren und motivieren
– Bewerten / Kontrollieren	– Betreuen und Trainieren
– Prozesse begleiten	– Vertrauen aufbauen

Bei einer nur polaren Sichtweise ließe sich ein Unternehmen lediglich als technisch-organisatorisches Zweckgebilde auffassen. Die Orientierung an den Bedürfnissen der Kunden und das Erleben wie Erfüllen einer die Fähigkeiten der einzelnen Menschen übersteigenden Aufgabe lässt die Frage nach dem die beiden Pole übersteigenden dritten Bereich aufwerfen. In diesem dritten Bereich geht es nämlich um die Fragen nach Zweck, Ziel und Sinn – dem *Wozu*, *Wohin* und *Wofür* – des ganzen Unternehmens, dem eigenen Leistungsbeitrag wie auch dem Unternimm-mit-anderen durch das Miteinander-Denken.

Der Unterschied zwischen Management und Führung hat zu einer Fülle von Management- und Führungsansätzen geführt, die sich innerhalb der

Polarität Sach- beziehungsweise Aufgabenbezug und Personen- beziehungsweise Mitarbeiterbezug bewegen. Management und Führung befinden sich aber immer im lebendigen organisationalen Kontext des ganzen Unternehmens.

Hierarchiebewusstsein führt, mehr oder weniger bewusst, zu zentralistischer Organisationsbildung und letztlich zu einer monologisch orientierten Management- und Führungstheorie. Der radikale organisationale Gegenentwurf wäre eine dezentrale Organisationsform. Derartige autonom-anarchische Formen würden aber der arbeitsteilig auf ein gemeinsames Ziel hin zu erbringenden Leistung zuwider laufen. Aufgrund der enormen Komplexität heutiger Unternehmen wie auch der fortgeschrittenen (über-)betrieblichen Arbeitsteilung kann es kein entweder/oder, sondern bestenfalls ein *sowohl als auch* geben: in Form einer *subsidiär-dialogisch* orientierten Unternehmensgestaltung.

Die Komplexität der Unternehmen verringert zunehmend die Steuerung durch Hierarchieorientierung. Eine erfolgskritische Aufgabe der Unternehmensführung wird demnach die Orientierung am Prozess der Leistungserbringung im Hinblick auf externe und interne Kunden sowie auch Lieferanten. Orientierung als das *sich Zurechtfinden* ist eine bewusste Hinlenkung beziehungsweise Ausrichtung auf ein Ziel und mit einer geistigen Einstellung verbunden (s.o.). Die Orientierung an den Bedürfnissen der Kunden, den Fähigkeiten der Lieferanten wie auch den Fähigkeiten und Bedürfnissen der Mitarbeiter erfordert einen dialogischen Management- und Führungsansatz, die *dialogische Perspektive und Haltung:* also *das dialogische Einbeziehen der Interessen, Bedürfnisse und Fähigkeiten der jeweils anderen Person* für den gemeinsamen unternehmerischen Zweck und Sinn des selbständigen und intelligenten Handelns im Sinne des unternehmerischen Ganzen.

Durch die moderne Organisationswissenschaft ist der Bereich der Führungs- und Managementtechniken zunehmend professionalisiert und systematisiert worden; das *Was* und *Wie* beziehungsweise die Bereiche des „know what" und „know how" bestimmen die Literatur. In der betrieblichen Praxis angewendete Managementkonzepte und Managementtechniken finden ihre Grenzen jedoch in den dort arbeitenden und lebenden Menschen. Das *Was* und das *Wie* reichen scheinbar aus. Dies lässt sich mit einem gängigen Spruch in der angelsächsischen Management- und Führungsliteratur treffend ausdrücken: „Most organizations are 'overmanaged and underled'." Nach dem „know why" wird kaum gefragt.

Wodurch zeichnet sich nun zukunftsweisendes Führungsdenken aus? In einer ersten Näherung bedeutet Führen: der Initiative anderer Menschen Ziele aufzuzeigen und differierende Initiativen auf gemeinsame Ziele hin zu koordinieren und zu harmonisieren.

Auch hierzu ist es förderlich die Wörter *Führen* und *Führer* auf ihre stillschweigende Ebene hin zu verfolgen. Das Wort *Führen* hat im Deutschen Wörterbuch von JACOB UND WILHELM GRIMM (2007) einen großen Deutungshorizont. Daraus sollen die für diesen Kontext relevanten Deutungen skizziert werden:

Führen bedeutet *transitiv*
 – ein lebendes Wesen oder lebende Wesen durch Dabei sein und bestimmen der Richtung sich fortbewegen oder sich von einen Ort zum anderen bewegen,
 – sowohl in unmittelbarer körperlicher Verbindung oder durch mittelbare Verbindung, zum Beispiel in Form eines Seils oder einer Kette
 – ohne körperliche Verbindung, wenigstens ohne Angabe einer solchen, weshalb in vielen Fällen ungewiss bleibt, ob sie stattfindet oder nicht.

und *reflexiv* – sich führen unter anderem
 – sich selbst fortbewegen machen, sich fortbewegen von personen
 – sich wie durch befehl in fortbewegung und in thätigkeit bestimmen, sich befehligen
 – sich mit etwas, indem sich sinn und thätigkeit darauf wenden, beschäftigen, sich mit einem gegenstande befassen.

Führung neu denken erfordert auch, sich latente Sinnstrukturen beziehungsweise Deutungsmuster der stillschweigenden Ebene bewusst zu machen. In Hinblick auf Management und Führung ist in vielen Unternehmen, wenn nicht sogar in weiten Bereichen der Gesellschaft, die Lenin zu-gesprochene Haltung: „Vertrauen ist gut. Kontrolle ist besser" Bestand-teil der „stillschweigenden Ebene" – also latent vorhanden. Auch die Um-kehrung dieses Ausspruches in „Kontrolle ist gut. Vertrauen ist besser" ist noch kein Zeichen für ein neues Denken über Führung und Führerschaft.

WERNER (WERNER 2004) denkt Führung im unternehmerischen, leben-dig-prozessualen Kontext – und nicht im hierachisch-juristischen mit Di-rektion und Subordination. Er illustriert diese neue Denkbewegung an-hand des Spruches des Freiherrn vom Stein:

„Zutrauen veredelt den Menschen, ewige Bevormundung hemmt sein Reifen."

„In einer Haltung, wie sie Freiherr vom Stein bezeichnet, besteht die Aufgabe der Führung darin, den Mitarbeitern eine eigene Einsicht in das Ganze des Unternehmens und in das eigenverantwortliche Handeln im Miteinander zu ermöglichen. Nicht die Anweisung bewirkt die Koordina-tion der Arbeit, sondern der Dialog, in dem sich die Ein-sichten als Grundlage eigenverantwortlichen Handelns bilden können" (WERNER 2004, S. 12f.).

Nicht die Anweisung bewirkt die Koordination der Arbeit, sondern der Dialog, in dem sich die Einsichten als Grundlage eigenverantwortlichen Handelns bilden können.

Führen muss also nicht länger nur heißen, einen anderen an der Hand zu führen oder in regelmäßigem persönlichem Kontakt zu stehen, son-dern: „Ein Unternehmen zu führen […] heißt in erster Linie Bewusstsein zu führen" (WERNER 2004, S. 13). WERNER präzisiert dies wie folgt: „Damit meine ich nicht, dass der Unternehmer das Bewusstsein seiner Wirtschaftspartner, seiner Mitarbeiter oder seiner Kunden offen oder ver-deckt zu manipulieren hätte. Es kann sich nur um das eigene Bewusstsein des Unternehmers handeln – wie jeder auch nur sein eigenes Leben füh-ren kann."

So ist es schon faktisch unmöglich, zum Beispiel 23.000 Mitarbeiter (s. o.) an der Hand oder im persönlichen Kontakt zu führen. Das unter-nehmerische Ganze – die korporierte Identität (Corporate Idendity) – kon-kretisiert sich zum Beispiel in einer Filiale, in einem Geschäftsbereich, in einer Niederlassung, sei es im Inland oder im Ausland, und im Konkreten ist auch das Ganze als *Koinonia* präsent.

Damit diese universelle Sichtweise konkret anschaulich werden kann, sei dies anhand der weltweit agierenden Firma Bosch beispielhaft anhand eines Interviews mit dem Vorsitzenden der Bosch-Geschäftsführung, Franz FEHRENBACH (FEHRENBACH 2007), veranschaulicht:

„DIE WELT: Worin liegt die Bosch-Kultur eigentlich begründet?

Fehrenbach: Wir haben uns mit dieser Frage sehr intensiv beschäftigt. Bosch war schon immer international ausgerichtet und wird es immer mehr. Wir erschließen neue Märkte und stellen überall auf der Welt neue Mitarbeiter ein. Gerade deswegen ist es wichtig, klar und deutlich zu definieren, was uns antreibt, was uns verbindet und *wofür* (Kursivsetzung: LPH) wir stehen. Jeder Mitarbeiter weltweit soll dies wissen und verstehen, denn Motivation und ein gemeinsames Bekenntnis zu Zielen hängen stark mit Information und persönlicher Verantwortung zusammen. Deswegen haben wir unsere Vision, unser Leitbild, unsere Werte, unsere Kernkompetenzen und das Bosch Business System vor einigen Wochen in einem Orientierungsrahmen zusammengefasst, den wir ‚House of Orientation' nennen.

DIE WELT: Was soll das helfen?

Fehrenbach: Nur mit einer gemeinsamen Identität können wir das Unternehmen weltweit im Sinne unseres Gründers kraftvoll weiterentwickeln. Nicht zu unterschätzen ist auch das gemeinnützige Engagement von Bosch, das vor allem von der Robert Bosch Stiftung verwirklicht wird. Hierauf sind Mitarbeiter in der ganzen Welt sehr stolz."

Der hier als „House of Orientation" bezeichnete Handlungsrahmen könnte in einem sozialorganischen Verständnis von Unternehmen als die Haut der *sozialen Skulptur* Unternehmen beziehungsweise als *Koinonia* gedeutet werden. Innerhalb des sozialen Organismus Unternehmen laufen die Lebensprozesse desselben ab. Innerhalb dessen gibt es sowohl Freiräume für das Führen (Personenbezug) wie auch geregelte Bahnen für bestimmte Leitungsaufgaben (Sachbezug).

Im Unternehmen als lebendigem sozialen Organismus nimmt der Einzelne am Leben dieses Organismus teil, ohne selbst ein „Rädchen" – im

herkömmlichen mechanistischen Verständnis von Unternehmen – beziehungsweise ein physischer Teil davon zu
sein. Der Einzelne lebt in einem – als sozialem Organismus
aufgefassten – Unternehmen durchaus sein selbständiges
Leben. Dabei liegt es an ihm, in welchem Umfang seine
Arbeit, sein individuelles Bemühen, zum Gelingen des unternehmerischen Ganzen beiträgt – darin ist er frei.

Im Unternehmen als lebendigem sozialem Organismus nimmt der Einzelne am Leben dieses Organismus teil, ohne selbst ein „Rädchen" davon zu sein.

5.2 Von der Führung zur Selbst-Führung

In diesem „House of Orientation" muss sich jeder Mitarbeiter selbst ori-
entieren und *Führen* reflexiv auffassen (s. o.). Hierzu sei ROHRHIRSCH zitiert: „Wer ist der Mensch? Mit dieser Frage kommt das Selbst des Menschen zu seiner Bedeutung und zeigt, dass der Mensch mehr ist als ein
‚Ich' im Sinne eines rational orientierten, egozentrierten Lebewesens. Für
ein nur egozentriertes Wesen ist ‚gut' immer das, was jeweilig von seinem
Ich als für sich nützlich angesehen wird. Doch […] die Frage nach dem
Wesen des ganzen Menschen geht auf das transzendente Selbst des
Menschen und nicht auf sein bewusstes alltägliches Ich" (ROHRHIRSCH
2005, S. 56).

Das hat natürlich seine Konsequenzen! Im Rahmen der Arbeitsteilung
kann der einzelne Mensch seinen Sinn für seine Tätigkeit nicht mehr einzig und allein in sich und der Befriedigung seiner physischen Bedürfnisse
finden, sondern in der Befriedigung der Bedürfnisse anderer innerhalb
seines *Wirkungskreises, kurz: womit kann ich dienen?* Der Anlass beziehungsweise das Antriebsmoment für die Mitarbeit liegt
nicht mehr länger bei ihm, der Anlass und Sinn seiner Mitarbeit liegt bei seinen Mit-Menschen wie auch in seinem
geistigen Bedürfnis nach Selbstentwicklung, in dem er
seine Begabungen in eine Arbeitsgemeinschaft einbringt.

Das Antriebsmoment für die Mitarbeit liegt bei seinen Mit-Menschen und in seinem geistigen Bedürfnis nach Selbstentwicklung.

    Die arbeitsteilig erbrachte Leistung wird damit letzt-
lich zu einem Dienst am Mitmenschen – auch wenn der
Nächste im globalen komplexen Produktions-, Distributions- und Kon-
sumgeschehen oft nur unpersönlich erscheint.

Im reflexiv verstandenen Führen beauftragt der einzelne Mensch nicht sich selbst, sondern aufgrund seines *Selbst.* Wird einem dieser transzendente Zusammenhang bewusst, so wird aus einer bislang weisungsgebundenen Mitarbeit ein Unternimm-mit-anderen. WERNER drückt dies wie folgt aus: „Je mehr der Einzelne selbst sieht, was für andere notwendig ist, desto unternehmerischer wird er in seiner Arbeit sein." und „Führen und geführt werden sind in der Dialogischen Führung ein und dasselbe."[39]

Eine so verstandene Führung geht vom mündigen Mit-Menschen als Mit-Arbeiter beziehungsweise im Idealfall als Mit-Unternehmer aus. Das Unternimm-mit-anderen ermöglicht damit ein *Realträumertum* für alle.

---

39 Vgl. die hierfür grundlegenden Gedanken in: WERNER 2006a.

Literatur

BECKER, FRED G. (1997): Einführung in die betriebswirtschaftliche Personal- und Organisationslehre, in: WALTER, ROLF (HG.), Wirtschaftswissenschaften. Eine Einführung, Paderborn u.a. 1997.

BINSWANGER, HANS CHRISTOPH (2005): Geld und Magie, 2. vollständig überarbeitete Auflage, Hamburg 2005.

BLOCH, ERNST (1980): Etwas fehlt – Glück und Utopie. Ein Gespräch mit Theodor W. Adorno, moderiert von Horst Krüger, in: Funk-Kolleg Praktische Philosophie/Ethik. Reader, Band 1, 1980.

BOHM, DAVID (2002): Der Dialog – das offene Gespräch am Ende der Diskussionen, Herausgegeben von: NICHOL, LEE, 3. Auflage, Stuttgart 2002.

BUCHER, ALEXIUS J. (2000): Verantwortlich handeln. Ethik in den Zeiten der Postmoderne, Regensburg 2000.

DIETZ, KARL-MARTIN / KRACHT, THOMAS (2002): Dialogische Führung. Grundlagen – Praxis – Fallbeispiel: *dm-drogerie markt*, Frankfurt am Main/ New York 2002.

DIEZ, WILLI: Die Inszenierung des Automobils; Quelle: Stuttgarter Zeitung vom 27. April 2006.

DUDEN (2001): Das Herkunftswörterbuch, Bd. 7, 3. Auflage, Mannheim 2001.

ELLINOR, LINDA / GERAR, GLENNA (2000): Der Dialog im Unternehmen, Stuttgart 2000.

FABIO, UDO DI (2006): Soziale Gerechtigkeit und Verfassung, in: Politische Studien 57 2006.

FEHRENBACH, FRANZ (2007): Den schnellen Weg gehen wir nicht. Interview in: Die Welt online http://www.welt.de/data/2006/01/27/836986.html (2007_02_09).

JACOB GRIMM UND WILHELM GRIMM: Deutsches Wörterbuch http://germazope. uni-trier.de/Projects/WBB/woerterbuch/dwb/wbgui?lemid=GF11122.

HÄUSEL, HANS-GEORG (2005): Think Limbic! Die Macht des Unterbewussten verstehen und nutzen für Motivation, Marketing, Management, 4. überarbeitete und ergänzte Auflage, Freiburg, Berlin, München 2005.

HEGEL, GEORG WILHELM FRIEDRICH (1973): Phänomenologie des Geistes, stw 8, Frankfurt am Main 1973.

HEIDEGGER, MARTIN (1977): Sein und Zeit, GA, Bd. 2, Frankfurt am Main 1977.

HEIDEGGER, MARTIN (1977): Die Zeit des Weltbildes, in: Holzwege, GA, Bd. 5, Frankfurt am Main 1977.

HEIDEGGER, MARTIN (1976): Wegmarken, GA, Bd. 9, Frankfurt am Main 1976.

HEIDEGGER, MARTIN (1982): Hölderlins Hymne „Andenken", GA, Bd. 52, Frankfurt am Main 1982.

HEIDEGGER, MARTIN (1982): Parmenides, GA, Bd. 54, Frankfurt am Main 1982.

HEIDEGGER, MARTIN (1984): Hölderlins Hymne „Der Ister", GA, Bd. 53, Frankfurt am Main 1984.

HEIDEGGER, MARTIN (1984): Grundfragen der Philosophie. Ausgewählte ‚Probleme' der ‚Logik', (GA, Bd. 45), Frankfurt am Main 1984.

HEIDEGGER, MARTIN (1984): Nietzsche. Der Wille zur Macht als Kunst, GA, Bd. 43, Frankfurt am Main 1985.

HEIDEGGER, MARTIN (1990): 1. Nietzsches Metaphysik 2. Einleitung in die Philosophie. Denken und Dichten, GA, Bd. 50, Frankfurt am Main 1990.

HEIDEGGER, MARTIN (1994): Bremer und Freiburger Vorträge, GA, Bd. 79, Frankfurt am Main 1994.

HEIDEGGER, MARTIN (1997): Der Satz vom Grund, GA, Bd. 10, Frankfurt am Main 1997.

HEIDEGGER, MARTIN (1998): Logik als die Frage nach dem Wesen der Sprache, GA, Bd. 38, Frankfurt am Main 1998.

HEIDEGGER, MARTIN (2000): Reden und andere Zeugnisse, GA, Bd. 16, Frankfurt am Main 2000.

HEIDEGGER, MARTIN (2004): Der Begriff der Zeit, GA, Bd. 64, Frankfurt am Main 2004.

HOMANN, KARL / SUCHANEK, ANDREAS (2000): Ökonomik. Eine Einführung, Tübingen 2000.

KÖNIG, JOACHIM / OERTHEL, CHRISTIAN / PUCH, HANS-JOACHIM (HG.) (2006): Visionen sozialen Handelns. Menschlich – fachlich – wirtschaftlich. ConSozial 2005, München 2006.

LOER, THOMAS (2006): Zum Unternehmerhabitus. Eine kultursoziologische Bestimmung im Hinblick auf Schumpeter, Studienheft 3 des Interfakultativen Instituts für Entrepreneurship der Universität Karlsruhe (TH) , Karlsruhe 2006.

MARÉ, PATRICK DE / PIPER, ROBIN / THOMPSON, SHEILA (1991): Koinonia – from Hate, through Dialogue, to Culture in the Large Group, London 1991.

MÜLLER, MOKKA (2001): Das vierte Feld. Die Bio-Logik der neuen Führungselite, München 2001.

NEUBERGER, OSWALD (1990):Der Mensch ist Mittelpunkt. Der Mensch ist Mittel. Punkt. 8 Thesen zum Personalwesen, in: Personalführung 1990.

PETERSEN, JENDRIK (2003): Dialogisches Management, Frankfurt am Main 2003.

POPPER, KARL (1994): Wissenschaftliche Reduktion und die essentielle Unvollständigkeit der Wissenschaft, in: DERS., Alles Leben ist Problemlösen., München 1994.

ROHRHIRSCH, FERDINAND (2002): Führen durch Persönlichkeit. Abschied von der Führungstechnik, Wiesbaden 2002.

ROHRHIRSCH, FERDINAND (2003): Der Gelehrte verschwindet und der Forscher braucht keine Bücher mehr. Oder: Wer die Differenz zwischen Wissen und Bildung nicht mehr wahrnimmt, der hält auch Dieter Bohlen und Herbert Grönemeyer für Musiker, in: BRAUER, MARGIT (HG.): Bibliotheken und Informationseinrichtungen – Aufgaben, Strukturen, Ziele, (DBV-Jahrestagung), Jülich 2003.

ROHRHIRSCH, FERDINAND (2005): Erfolg – Ethik – Sinn. Faktoren einer nachhaltigen Mitarbeiter- und Unternehmensentwicklung, Schriften des Interfakultativen Instituts für Entrepreneurship der Universität Karlsruhe (TH), Band 13, Karlsruhe 2005.

ROSENSTIEL, LUTZ VON (2006): Führen und Verändern – Leitungskräfte als Motor des Wandels, in: KÖNIG, JOACHIM u.a. (HG), ConSozial 2005, München 2006.

SCHULTHEIS, FRANZ / SCHULZ, KRISTINA (HG.) (2005): Gesellschaft mit begrenzter Haftung. Zumutungen und Leiden im deutschen Alltag, Konstanz 2005.

STAVEMAN, HARLICH H. (2002): Sokratische Gesprächsführung in Therapie und Beratung, Weinheim/Basel/Berlin 2002.

VOGEL, DIETHER (1990): Selbstbestimmung und soziale Gerechtigkeit, Schaffhausen 1990.

VOGEL, HEINZ HARTMUT (1963): Jenseits von Macht und Anarchie, Köln und Opladen 1963.

VOLLMER, GERHARD (1993): Wissenschaftstheorie im Einsatz, Stuttgart 1993.

WERNER, GÖTZ W. (2004): Wirtschaft – das Füreinander-Leisten. Antrittsvorlesung am 11.05.2004 an der Universität Karlsruhe (TH), Schriften des Interfakultativen Instituts für Entrepreneurship der Universität Karlsruhe (TH), Bd. 11, Karlsruhe 2004.

WERNER, GÖTZ W. (2006a): Führung für Mündige. Subsidiarität und Marke als Herausforderungen einer modernen Führung. Studienhefte des Interfakultativen Instituts für Entrepreneurship an der Universität Karlsruhe (TH), Heft 2, Karlsruhe 2006.

WERNER, GÖTZ W. (2006b): Ein Grund für die Zukunft: das Grundeinkommen, 1. Auflage, Stuttgart 2006.

WIEGERLING, KLAUS (1998): Medienethik, Karlsruhe Stuttgart und Weimar 1998.

WOLF, DOROTHEE (2005): Ökonomische Sicht(en) auf das Handeln. Ein Vergleich der Akteursmodelle in ausgewählten Rational-Choice-Konzepten. Institutionelle und Evolutorische Ökonomik, Bd. 28, Marburg 2005.

Die Verfasser

Ferdinand Rohrhirsch, *1957 in Offingen an der Donau
- mittlerer Schulabschluss
- Ausbildung und Berufstätigkeit bei der Deutschen Bundesbahn
- Studium der Theologie und Philosophie, Promotion, Habilitation (Dr. theol.habil.) – außerplanmäßiger Professor für Philosophie an der Katholischen Universität Eichstätt
- Arbeitsschwerpunkte: Martin Heidegger, Praktische Philosophie, Führungs- und Unternehmensethik
- Autor, Coach, Referent und Berater, vorrangig zu den Themen Führungs- und Unternehmensethik

Kontakt: Ferdinand Rohrhirsch
Internet: www.ferdinand-rohrhirsch.de
E-Mail: ferdinand.rohrhirsch@ku-eichstaett.de

Ludwig Paul Häußner, *1958 in Würzburg
- Studium der Betriebswirtschaft in Heidenheim und London Diplom-Betriebswirt (BA)
- Weiterbildendes Studium der Erziehungswissenschaft – Fachrichtung Betriebs- und Führungspädagogik – Diplom-Pädagoge
- Vertriebssachbearbeiter bei den Wieland-Werken AG in Ulm/Donau
- Assistent der Geschäftsleitung und Verkaufsleiter Innendienst in einem Geschäftsbereich der Berner-Gruppe Befestigungs- und Verbindungstechnik in Künzelsau (Hohenlohekreis)
- Geschäftsführer an der Freien Waldorfschule in Schwäbisch Hall
- Kaufmännischer Leiter im Schraubenwerk Gaisbach in Waldenburg (Württemberg), einem Unternehmen der Würth-Gruppe
- 2002–2003 Sabbatical und Vorarbeiten für eine Promotion zum Themenbereich Dialogische Führung – Universität Koblenz-Landau
- Seit Oktober 2003 wissenschaftlicher Mitarbeiter am IEP der Universität Karlsruhe (TH) bei Prof. Götz W. Werner

Arbeitsschwerpunkte Führung und Unternehmensgestaltung, Bedingungsloses Grundeinkommen und Konsumsteuer, Educational Entrepreneurship – Schule als pädagogisch-unternehmerische Aufgabe, Entrepreneurship und Gesellschaftsordnung

„Geselligkeit lag in meiner Natur, deswegen
ich bei vielfachem Unternehmen mir Mitarbeiter
gewann und mich ihnen zum Mitarbeiter bildete,
und so das Glück erreichte, mich in ihnen
und sie in mir fortleben zu sehen."

– J. W. v. Goethe –